KB167154

변신이야기

필멸의 인간은 불멸의 꿈을 꾼다

차례
Contents

변신 신화 는 어떻게 생겨났을까

영원히 순환하는 시간

불멸이 인간의 꿈이 된 지 오래다. 아득한 석기시대, 1만 8천년 전의 어두운 동굴 속에서도 북경(北京)의 산정동인(山頂洞人)들은 사랑하는 친지의 시신 곁에 피를 상징하는 붉은 철광석가루를 뿌리며 그들의 영혼이 불멸하기를 기원했다.[1) 무소불위의 권력을 자랑하던 진(秦)나라와 한(漢)나라의 제왕들은 영혼뿐 아니라 아예 몸까지 불멸하기를 원해 불사의 영약을 찾는 미망에 빠져들었다. 영혼의 불멸과 그 불멸의 영혼이 다른 형태의 몸으로 변한다는 모티프는 오랜 세월 동안 사람들의 마음을 사로잡아 왔고, 그것은 인간이 죽어야만 하는 운명을 갖고 있는 한 앞으로도 계속 그러할 것이다.

신화에 관심을 가진 사람들이 처음 만나게 되는 텍스트는 지금도 여전히 그리스 신화이며, 오비디우스(Ovidius)에 의해 모아진 로마시대 신화집의 이름이 '변신이야기(Metamorphoses)'이다. 오비디우스는 『변신이야기』에서 사모아의 현자 피타고라스의 입을 빌어 다음과 같이 말하고 있다.

> 모든 것은 변할 뿐입니다. 없어지는 것은 하나도 없습니다. 영혼은 이리저리 방황하다가 알맞은 형상이 있으면 거기에 깃듭니다. 짐승의 육체에 있다가 인간의 육체에 깃들기도 하고, 인간의 육체에 있다가 짐승의 육체에 깃들기도 하는 것입니다. 이렇게 돌고 돌 뿐 절대로 사라지는 것은 아닙니다.[2]

오비디우스의 신화집 이름이 '변신이야기'가 된 것에 대한 간결한 설명이다. 물론 그의 시점은 '불멸의 영혼'에 고정되어 있다.

오비디우스보다 몇 백 년을 앞서 살았던 중국의 장자(莊子) 역시 영혼은 사라지는 것이 아니라 그저 변할 뿐이라고 말했다. 그는 인간의 영혼을 불꽃에, 몸을 땔나무에 비유했다. 땔나무가 타오를 때의 불꽃이 인간의 영혼이라면 땔나무는 몸이라는 것이다. 땔나무가 다 타버려도 불꽃은 다른 땔나무를 통해 계속 이어진다고 했다. 그래서 장자는 아내가 죽었을 때도

노래를 불렀다.3) 세상에 사라지는 것은 아무것도 없고 다만 변할 뿐이라는 믿음을 가졌기 때문이다. 그에게 시간은 직선적으로 끝나는 것이 아니라 영원히 순환하는 것이었다. 오비디우스의 『변신이야기』에 나오는 피타고라스의 언명과 장자의 주장은 너무나 흡사한 사고에 바탕을 두고 있다. 어쩌면 그것은 기독교 사상이 생겨나기 이전, 고대의 통전적(holistic) 시간관4)을 보여 주고 있는 것인지도 모른다. 그리고 그러한 통전적 시간관을 가졌던 고대 중국과 그리스에서 변신이야기들이 생겨난 것은 당연한 일이다.

그러나 변신의 이야기들이 이러한 순환적 시간관과 불멸의 영혼에 대한 믿음에서 나왔다고는 하지만 고대 중국과 그리스의 변신이야기들은 그 성격이 매우 다르다. 그리스 신화의 변신이 주로 신들의 징벌로 인해 생겨나는 경우가 많다면 중국의 경우에는 인간 의지의 표현이라는 성격이 강하게 드러난다.

불멸의 영혼과 영혼의 집으로서의 몸

서구의 경우 – 몸은 영혼의 감옥

그리스인들에게 영혼의 불멸과 윤회는 축복이 아니었던 듯하다. 그들은 영혼이 마치 감옥과 같은 육체에 갇혀 있다고 믿었기 때문이다. 플라톤은 육체에 갇혀있는 영혼은 이성적 힘을 통해 정화되어 그 신적인 위치를 다시 찾아야 한다고 여겼으며 그런 맥락에서 그는 '몸(soma)은 영혼의 무덤(sema)'이라고 하였다. 아리스토텔레스에 이르러 이성의 힘은 더욱 중시되어 인간은 이성이라는 신적 능력으로 인하여 동물이나 식물보다 우위에 놓이게 된다. 그러나 인간이 동물이나 식물보다 우위에 놓이게 되는 그 순간 인간은 변신의 심리적 기초를 잃게 되고 만다. 그런 이유 때문인지 그리스 신화에 등장하는 변신의 이야기들은 영혼의 자유로운 탈출이나 해방이라는 의미보다는 신들의 징벌이라는 성격을 강하게 보여 준다.

영혼은 불멸하지만 그 불멸의 영혼에게 몸이 없다면 그 영혼은 어디로 가는가. 몸을 잃어버린 영혼의 고독, 몸이 없는 실체로서의 인식론적 주체, 그 허망함으로 인하여 영혼은 또 다른 영혼의 집, 주체를 확인할 수 있는 집(Oikos)으로서의 몸을 찾아 변신한다. 또 다른 몸을 통하여 불멸의 영혼은 다른 존재와 관계를 맺게 되는 것이다. 정신은 다른 정신들과 직접적으로 관련되지 못하고 몸을 통해서만 다른 존재들과 관련을 맺게 되기 때문에 영혼은 여러 가지 다른 형태의 몸을 갖는다. 정신이 독백체라면 몸은 대화체, 즉 관련체가 되는 것으로서 몸을 통해 다른 존재와 관계를 맺게 된다. 말하자면 자아와 타자는 각기 서로 따로 존재하는 것이 아니라 서로 연결되어 있으며 자아와 타자, 즉 세계가 서로 전환 가능한 상호관계 속에서 서로 교차하게 되는 것이다. 여기에서 자아와 타자가 함께 섞이면서 존재하는 세계라는 것은 바로 주체와 객체가 하나가 될 수 있다고 여겼던 '원시사유'의 세계를 의미하는 것으로써 인간이 동물이나 식물로 변하는 변신의 신화들은 바로 이러한 사유조건 하에서 발생하는 것이다.

구약의 신화들이 이집트나 바빌론의 신화에서 비롯되었다는 것은 이제 일반적 견해이지만, 구약에는 변신의 신화가 거의 보이지 않는다. 모세가 시나이 산에서 돌아와 보게 된 아론의 금송아지는 가나안 지역에서 전통적으로 숭배되던 풍요의 신 바알의 현현(epiphany)이었다. 우상숭배로 여겨지는 이 행위는 그러나 당시 그 지역 사람들의 입장에서 본다면 당연한 것이었다. 금송아지는 바알신, 즉 풍요를 주관하는 농경의 신 황소를 의미하는 것이었기 때문이다. 그들에게는 오히려 시나이 산의 떨기나무에 현현한 야웨가 낯설었을 것이다. 인간과 신적 세계가 철저하게 분리되면서, '군림하는 신'은 철저한 타자성을 의미하게 되었고 신은 '황홀함과 두려움'으로 인간을 압도하게 되었다.[5] 인간의 세계에서 동떨어져 군림하는 신의 이미지는 변신의 세계와는 관계가 없다. 자연을 인간과 같은 층차(層次)에 놓았던 고대 중국의 장자식의 사고와는 달리, 자연을 인간의 하위개념으로 놓았던 성서에서는 신들이 다른 몸으로 변신하는 신화들이 나타날 수 있는 여지가 아예 없었던 것이다. 그래서 조셉 캠벨(Joseph Campbell)은 "세계의 신화 가운데서 구약성서의 신화만큼 음울한 것은 없다"[6]고 했는지도 모를 일이다.

서구에서는 중세를 거치면서 인간의 '몸'이 철저하게 부정되었다. 인간의 몸은 감추어야 할 그 무엇, 은유나 상징과 마찬가지로 명확하지 않은 타파되어야 할 대상이었다. 그리스

시대 이래 근대에 이르기까지 오랫동안 지속된 끈질기고 강하고 은밀한 그 억압, '문명화 과정'과 몸에 대한 심리적 억압의 형성과정은 비례해 왔다.[7] 그리고 이제 21세기가 시작되어서야 몸은 공개된 담론의 현장으로 나오게 되었다. 참으로 오래된 몸에 대한 부정, 그러한 관념 속에서 변신은 애초부터 불가능했고, 오직 중요한 것은 불멸의 영혼일 뿐, 몸은 영혼을 속박하는 사슬에 불과했다. 초월적 세계에 존재하는 유일신을 섬기는 기독교의 자연관은 근대적 자연과학과 관련되어 있다. 성서 속에서의 자연은 그저 주체를 상실한 대상일 뿐, 그것 자체가 영혼을 갖고 있다고 여겨지지 않았다.[8] 데카르트는 이성의 세기를 열었지만 지나치게 인간의 이성만을 강조한 나머지 인간의 몸이나 자연계를 주체를 상실한 물질로 전락시킨 혐의를 받고 있다. 식물이나 동물은 아무런 내면세계를 갖고 있지 못하다는 이러한 관점은 이성적 주체나 이성적 잠재력을 가진 주체를 대상으로 하는 정의(正義)는 인간과 자연의 관계로까지 확장될 수 없다는 주장을 한 하버마스(J. Habermas)까지 이어져 자연계는 인간의 도덕윤리의 대상이 되지 못한다는 생각을 낳게 하였다. 동물이나 식물, 자연은 이성을 가지지 않았으므로 인간과 평등한 관계를 맺을 수 없다는 하버마스의 생각은 자연을 그저 일차적 대상으로만 파악하고 있다.

이처럼 동물과 인간을 다른 층차에 놓고 정복의 대상으로 바라보는, 기독교적 전통에서 유래된 사고방식 하에서는 변신의 신화가 생겨나지 않는다. 자연을 지배의 대상으로 보는 사고, 동물로의 변신을 저급한 것으로 여기는 사고, 동물은 말을 할 줄 모르고 이성이 없으므로 인간의 정복 대상이라는 인간 중심주의적 사고, 몸은 영혼을 속박하는 사슬이요, 영혼만이 중요한 것이라고 여기는 사고에서는 영혼이 다른 형태의 몸으로 변신하는 이야기들은 생겨날 수 없으며, 설사 있다고 하더라도 그것이 담고 있는 상징성은 중국의 것과는 다를 수밖에 없다.

중국의 경우 – 몸은 영혼의 집

앞에서 언급한 장자의 땔나무와 불꽃에 관한 비유는 중국 변신 신화의 철학적 기재라고 할 만하다. 땔나무가 다 타면 불은 다른 땔나무로 옮겨가 끝이 없다는 것으로, 인간의 정신도 하나의 형체에서 다른 형체로 옮겨갈 수 있는 것이니, 몸이 사라지더라도 정신은 영원하다는 것이다. 이것은 물론 영혼의 불멸에 대해 언급한 것이긴 하지만 인간의 영혼이 영원히 사라지지 않는 것은 그것을 담을 몸, 형체의 존재를 전제로 한다. 타오르던 불이 땔나무가 바뀌어도 계속해서 타오르게 된다는 것은 영혼이 집을 바꾸면, 곧 다른 몸을 갖게 되면 그 영혼이 사라지지 않고 계속 존재하게 된다는 것을 의미한다.

물론 『회남자(淮南子)』에서는 "정신이 몸보다 귀하다"라고 언명하며 영혼의 불멸을 주장하고 있는데, 이러한 언명은 고대인들의 영혼불멸에 대한 믿음을 계승하는 동시에 위진(魏晉)시대 '신불멸론(神不滅論)'9)의 선구가 되고 있다. 그러나 기본적인 전제는 물론 영혼의 불멸이지만 몸은 그저 아무것도 아닌 것은 아니다. 영혼이 몸을 가진 형체로 다시 나타나 다른 인간들과의 '관계'를 지속하는 이야기는 중국 신화 속에서 자주 보인다. 몸이 없으면 타자와의 '관계맺음'이 불가능하다. 그래서 인간은 죽은 뒤에 또 다른 몸을 찾아 변형한다. 고대 중국에서는 신불멸론이 대세를 차지하였고 정신이 몸보다 귀하다는 사고방식이 지배적이었지만, 서구에서처럼 몸은 버려도 되는 그 무엇이 절대 아니었다. 불교에서와 달리 중국적 사고 속에서 몸은 정신을 담는 집이었고, 몸이 있으므로 한 인간의 영혼은 다른 영혼과 '관계'를 맺으며 자신들의 이루지 못한 소망을 실현해나갔다.

　물론 몸을 정신보다 중히 여기는 사고의 전통도 존재했으니 순자(荀子)의 "인간의 형체가 갖추어져야 그것에 따라 정신이 생겨난다"라는 언명이 바로 그것이다. 이후 환담(桓譚)은 "정신이 몸에 깃들어 있음은 불꽃이 양초에서 타고 있는 것과 같다. 양초가 없다면 촛불 역시 허공에서 혼자 타오를 수 없는 노릇이다"라고 하였다. 인간의 정신과 몸은 촛불과 양초의 관계와 같은 것으로, 양초가 없으면 촛불이 허공에서 빛을 낼 수가 없는 것이다. 정신은 몸에서 생겨난 것으로 촛불이 양초에서 생겨나는 것과 같다. 그러므로 몸이 사라지면 정신도 존재하지 않게 되니, 양초가 다 닳으면 촛불도 존재할 수 없는 것과 같은 이치이다. 이것은 앞에서 인용한 장자의 비유와는 정반대의 것이다. 장자가 형체의 변화를 통해 변하지 않고 존재하는 정신을 말했다면 환담은 형체의 죽음과 더불어 사라지는 정신에 대해 말했다.

한대의 대표적 유물론자라고 일컬어지는 왕충(王充) 역시 환담의 견해를 계승하여 다음과 같이 말한다. "세상에 홀로 타오르는 불은 없으니 어찌 몸이 없이 홀로 인식하는 정신이 있을 수 있겠는가." 그에게는 몸을 떠난 정신은 존재할 수 없는 것이었다. 그래서 그는 인간이 죽어 귀신이 된다는 것을 부정했고 귀신이 사람을 해친다는 당시 사람들의 믿음에 대해서도 조목조목 반박했다. 하지만 그는 정기(精氣)가 물(物)로 변하는 현상을 인정했으니, 그런 점에서 보면 그가 영혼의 불멸을 철저하게 부정한 것이 아님을 알 수 있다. 물론 죽지 않은 몸, 살아 있는 몸이 있어야 한다는 전제조건이 제시되고 있기는 하지만 그의 이러한 태도는 그가 그 시대와 완전히 동떨어진 인물이 아니었음을 역설적으로 보여 주고 있다. 그는 영혼(神)만을 중시하던 당시 풍조를 비판하며 몸(形)이 더 중요하다는 주장을 했지만 '영혼은 결코 사라지지 않는다(神不滅)'는 당시의 사회적 컨텍스트에서 완전히 자유롭지는 못했던 것이다. 물론 신불멸론이 대세를 차지하고 있던 사회적 맥락에서 이후로도 변신의 신화는 계속해서 나타나게 된다.

관계성, 타드왐 아시

나는 내가 놀라는, 내가 체험하는 생생한 세계의 모든 것,

나무나 풍뎅이·구름·시냇물 그리고 산의 형제이기도 하다. 그 경이감의 길 위에 서는 순간 나는 이 분리의 세계를 빠져 나와서 사물과 피조물이 서로 "바로 너였구나(타드왐 아시)"라고 말하는 통일의 세계로 들어선 것이기 때문이다.[10]

헤르만 헤세(Hermann Hesse)가 말하는 '통일의 세계'는 바로 엘리아데(M. Eliade)가 말한 바 있는 '열려진 세계'[11]이다. 고대인들에게는 식물계와 동물계 그리고 인간들 사이의 경계선이 존재하지 않았다. 서로 다른 영역 사이에 있는 경계는 넘을 수 없는 장벽이 아니었던 것이니, "생명의 갖가지 영역 간에는 종적인 차이가 없다. 갑자기 이루어지는 탈바꿈에 의하여 만물은 그 어떤 것으로도 변한다. 만일 신화세계에 어떤 독특하고 두드러진 특징, 즉 신화세계를 다스리는 그 어떤 법칙이 있다면 그것은 바로 이 탈바꿈의 법칙이다."[12] 카시러(E. Cassirer)가 언급하여 유명해진 이 변형의 법칙은 사실 새로운 것이 아니다. 고대인들이 살고 있는 땅이라면 어디에나 이러한 사고방식은 존재하고 있었다. 카시러가 말한 '탈바꿈'이라는 것은 중국식으로 말하자면 '화(化)'이다. 누구도 논리적으로 설명할 수 없는, 주체와 객체가 하나의 층차에 있다고 여겼던 고대인들의 사유세계에서 변신이라는 것은 그냥 그렇게 당연하게 일어났던 일이었다. 『장자』에는 '화'라는 단어가 81번 나오는데, '화'의 의미 중에서 가장 중요한 것이 바로 변형, 즉 '변신'이다. 장자의 생명관은 우주만물을 하나의 정체(整體)로 파악하며 만물 사이에는 엄격한 구분이 없고 종(種)과 류(類) 사이에 서로 넘을 수 없는 간격은 없다고 생각한다. 그 세계에서는 생명을 가진 것뿐 아니라 생명이 없어 보이는 것도 서로 변할 수 있다. 중국 고대인들에게 있어서 영혼은 동식물에만 있는 것이 아니라 땅 속에 묻힌 광물에도 있었다. 그래서 그 영혼이 담긴 쇳덩이를 찾아내어 날카로운 칼을 만들면 그 칼에도 영혼이 깃든다고 믿었다. 그런 이유로 인해 대장장이들은 인간을 제물로 삼아 쇳물을 만들어 간장(干將)과 막야(莫邪)의 검[13]처럼 영혼이 깃든 날카로운 칼을 만들 수 있기를 기원했다. 동식물뿐 아니라 광물에조차 영혼이 들어있다고 여기는 고대의 애니미즘은 현대의 심층생태학(deep ecology)과도 통하는 사고이다.

자연과 인간이 하나가 되어 모두가 영혼을 지닌 존재로 인식되면서 함께 어우러져 살던 세계에서는 모든 것이 서로 '관계'를 가졌다. 인간이 동물과 식물뿐 아니라 광물까지 연관되어 있으며 그 사이에는 어떠한 차이도 없다는 인식을 원시사유의 '참여의 원리(the law of participation)'라는 철학적 용어를 빌어 굳이 정의할 필요도 없다. '관계성(relationality)'은 그것이 자연적 세계이든 사회적 세계이든 또는 인공적 세계이든 모든 세계가 관계의 그물망으로 이루어져 있음을 가리키는 것인데, 이러한 관계의 그물망이 바로 변신 신화 발생의 기초가 된다. 그 세상에서 인간은 결코 자연보다 우위에 있지 않다. 『장자』, 「제물론」에 나오는 모장(毛嬙)과 여희(麗姬)의 이야기는 그것을 여실히 보여 준다.14) 인간의 눈으로 볼 때는 모장과 여희가 아름답지만 동물들이 보기에도 그러할 것인가? 장자의 그 질문에는 자연과 인간을 하나로 이어진 것으로 보는 관점이 들어있다. 차이와 타자성에 바탕을 둔 다양성과 다원성의 세계가 고대 중국에는 존재했으니, 마르틴 부버(Martin Buber)가 말한 바대로 곁에 존재하는 자연을 '그것(it)'이 아닌 '당신(thou)'으로 파악했던 사고가 바로 변신 신화의 기본바탕이 되었던 것이다.

반인반수^(半人半獸) 이야기

반인반수, 변신 신화에 속하는가

그리스 신화에는 반인반수의 신들은 그리 많이 나오지 않는다. 우리가 잘 알고 있는 켄타우로스나 사티로스, 판, 미노타우로스 그리고 새의 몸에 인간의 얼굴을 한 여신 싸이렌 등에 불과하다. 그리고 그들의 신격도 인간 형태의 신들에 비해 그렇게 품위 있거나 우아하지 않다. 그리스 신화의 신들은 아프로디테처럼 인간보다 훨씬 아름답거나 아니면 그의 남편 헤파이스토스처럼 무척 추하게 생기는 등, 대부분이 인간의 형상으로 나타난다.

그러나 중국 신화에는 반인반수의 신이 많다. 아니, 초기 신

화에 나타나는 신들은 거의 대부분 반인반수라고 해도 과언이
아니다. 중국 신화에서 인류의 시조(始祖)라고 일컬어지는 복
희(伏羲)와 여와(女媧)만 하더라도 사람의 얼굴에 뱀의 몸을
한 모습이다. 중국 고대의 신화를 많이 담고 있는『산해경(山
海經)』은 거의 모두가 반인반수의 신들로 채워져 있다. 기상
천외한 상상력으로 만들어진 그 신들의 형태를 머릿속으로 그
려보는 것만으로도 흥미롭다. 세상에 존재하는 동물들을 조합

하여 만들었든, 아니면 전
혀 존재하지 않는 가상의
형태이든『산해경』을 가득
채운 신들은 그들만의 멋진
환상세계를 구축하고 있다.

이러한 반인반수의 신들
을 과연 변신 신화의 범위
에 넣을 수 있을 것인가. 하
나의 존재가 형태를 바꾸어
완전히 다른 존재로 바뀌는
것만을 변신 신화라고 본다
면 물론 반인반수의 신들에
관한 이야기는 변신 신화의
범위에 포함될 수 없을 것
이다. 그러나 반인반수 신

뱀 꼬리를 가진 복희와 여와. 四川省 郫縣과
江安 1호 묘에서 출토된 石棺에 새겨진 그림.

들이 갖고 있는 동물성에

대해 중국 고대인들이 사유하게 된 배경을 살펴본다면 그것 역시 '정지된 상태의 변신'[15]에 속한다고 볼 수 있을 것이다.

반인반수 신들은 어떤 사유배경에서 생겨났을까.

고대인들은 동물에 대해서 양가적인 감정을 가지고 있었다. 무시무시하고 사나운 동물들은 그들을 둘러싼 거친 자연환경 속에서 피하고 싶으면서도 숭배하고 싶은 대상이었다. 또한 동물은 그들이 사냥해야 할 대상이면서 동시에 경배의 대상이기도 했다. 그들이 사냥터에 나가기 전에 동물의 가면을 쓰고 추는 춤에는 그 동물의 강한 힘이 인간에게로 전이되기를 바라는 주술적 의미가 들어있었다. 사나운 동물을 두려워하면서도 닮고 싶어 하는 욕구는 강한 동물로 변신하는 이야기들이 생겨나는 배경이 되었다. 레비 브륄(Lévy-Bruhl)은 『원시사유』에서 '참여의 원리'라는 용어를 사용하면서, 최초의 인간은 동물과 자신을 하나로 혼동하여 인간과 동물계를 구분하지 못했다고 말한 바 있다. 그러나 인간은 과연 동물과 자신이 다르다는 것을 인식하지 못했을까? 현생인류가 사냥하고 남은 고기를 처리하는 사냥꾼 정도로 여겼던 네안데르탈인도 자신의 동료가 죽었을 때 매장할 줄 알았다고 한다.[16] 고대인이 자신을 동물과 구별할 줄 몰랐고 자신과 동물을 동일시했으며 그래서 거기에서 동물로의 변신이야기들이 생겨났다고 보는 것은 문명인의 지나친 시각이다.[17]

인간들은 동물들이 주는 두려움과 공포를 분명히 알고 있었을 것이다. 동물의 가죽이나 가면을 뒤집어쓰고 그 동물이 되고자 하였다면 그것은 그 동물의 힘이 자신들 속으로 들어와 자신들이 그 동물처럼 강하게 되기를 소망했던 심리의 표현일 것이다. 마찬가지로 강한 동물을 토템으로 삼아 그 동물을 닮고자 했던 것 역시 동물에 대한 공포를 극복하고자 하는 의지의 표현이었다. 인간은 근본적으로 자신들이 동물과 다르다는 것을 알고 있었다. 다만 그것들을 생명의 그물이라는 관계 속의 한 존재로 동등하게 인정했으며, 자신들이 동물로도 식물로도 변할 수 있다고 믿었던 관념만이 지금의 인간들과 달랐을 뿐이다. 그들이 갖고 있던 자연과 인간과의 관계를 하나의 그물망으로 생각했던 상상의 공간은 지금의 인간들이 생각할 수 없을 만큼 건강하고 무한했던 것 같다. 무시무시한 동물과의 투쟁, 자신들을 생존하게 해주는 동물들과의 공존은 그들로 하여금 그 힘에서 벗어나고 싶은 동시에 닮고 싶은 욕망을 불러일으켰을 것이며, 그것이 그들의 무한한 상상력과 합쳐져 수없이 많은 '이미지'들을 만들어냈던 것이다. 그것이 바로 『산해경』에 등장하는 반인반수의 신들이다.

고대인들의 동물에 대한 인식

서구에서는 동물 형태의 신들에 대한 인식이 그렇게 좋은 편은 아니었다. 물론 고대부터 그러했던 것은 아니었을지도 모르지만 기독교 사상이 생겨나고 난 뒤 동물은 인간의 지배 대상일 뿐이었다. 동물성이라는 것은 버려야 할 야만적인 것과 동일시되었다. 헤겔(Hegel)은 일찍이 『미학』에서 동물성에 대한 극도의 혐오감을 표출한 바 있다. 그는 이집트의 스핑크스에 대해서조차 "동물적인 둔탁하고도 강인한 힘으로부터 인간적인 정신이 빠져나오려고 애쓰고 있으면서도 인간이 지닌 고유한 자유로움이나 동작의 형상으로 완전히 표현되지 못하고 있다. 왜냐하면 그 정신은 아직도 타자와 같이 뒤섞여 머물러 있을 수밖에 없기 때문"18)이라고 말하면서 스핑크스의 반인반수 형태를 동물적 상황에서 빠져나오지 못하고 있는 인간 이성의 비극으로 파악하고 있다. 그에게는 반인반수 신들이 갖고 있는 동물적 힘, 인간이 경외했던 그 신성한 힘은 아예 존재하지 않는 것이었고, 동물은 '사악함이나 저급한 것, 하찮은 것, 야성의 것, 비정신적인 것'19)으로 인간의 이성을 방해하는 존재에 불과할 뿐이었다. 그러나 이것은 헤겔 개인의 독자적 주장이 아니다. 인간이 자연을 지배한다는 서구의 전통적 관념 하에서 동물과 식물을 인간과 동등한 것으로 바라보는 변신의 신화들이 발생할 수 없었던 것은 어쩌면 당연한 일이다. 서구에서는 기독교의 시작과 함께 변신 신화의 정신이 사라지고 말았다.

그러나 중국의 전통은 달랐다. 동물은 거대하고 두려운 힘의 표상이면서 동시에 인간들 곁에 머무는 친근한 존재였다. 숭배의 대상이고 사냥의 대상이면서 또한 그들을 생존하게 해주는 존재였다. 동물에 대한 이러한 양가적 감정과 인간의 영혼이 불멸한다는 관념이 합쳐져 반인반수 형상의 신들이 생겨났고 인간이 동물로 변하는 이야기들이 생겨났다. 중국인들에게 동물은 타파해야 할 야성적이고 비이성적인 대상이나 영혼이 없는 건조한 대상물이 아니었다. 동물 역시 인간과 똑같은 영혼을 가진 존재로 인식되었던 고대 중국에서 인간은 동물로 변하고 동물은 인간으로 변할 수 있었던 것이다.

문자가 탄생하기 훨씬 이전에 바위에 그려진 중국의 바위그림(岩畵)들은 중국 고대인들의 사고방식을 추측해볼 수 있는 1차적인 자료들이다. 문자가 없던 수렵과 유목의 시대에 그려진 중국 바위그림을 살펴보면 가장 많이 사용된 소재가 바로 동물

암각화에 나타난 인간과 동물.

이다. 특히 북방 지역의 바위그림에서는 90% 이상을 동물이 차지한다.[20] 사냥꾼으로 보이는 사람의 형체가 있기는 해도 눈에 띄지 않게 작게 그려져 있고, 동물의 형체가 훨씬 눈에 띄고 생동감 있게 그려져 있다. 이것은 그 동물들이 특별한 신격을 띠고 있으며, 고대의 동물숭배와 관련되어 있음을 나타내 준다. 바위그림에서도 볼

수 있듯이 최초의 신은 동물의 형태였다고 추측되는 것이다. 그리고 바위그림에는 힘세고 강한 동물들에 대한 경외심과 자신들이 사냥해 먹고사는 동물들에 대한 친근감이 드러나 있다. 호랑이나 표범, 이리 같은 동물들이 그들이 숭배하던 강한 힘, 신성의 현현이었다면 개나 소, 양 등은 그들이 기대어 살고 있는 동물들에 대한 고마움과 친근감의 표현이었다. 인간에게 잡아먹히는 사냥의 대상을 숭배한다는 것은 근대적 사고방식으로는 이해할 수 없는 사고체계이지만, 사냥 당하는 동물에게조차 연민의 감정을 느꼈던 것은 동물과 인간을 하나의 관계성 속에서 인식했던 중국 고대인들에게는 당연한 일이었다.

그리스의 반인반수 신과 중국의 반인반수 신

그리스 신화에 등장하는 사티로스, 켄타우로스, 미노타우로스 등의 반인반수들은 주로 저돌적 힘을 상징하는 존재들이다. 프로프(V. Y. Proppe) 같은 경우 그런 반인반수 형태를 '역사적 시각'에서 바라보아야 한다고 했고[21], 보르헤스(J. L. Borges)는 그런 것이 인간의 무지와 혼동에서 비롯된 것이 아니라 인간의 머릿속에서 나온 '순수한 상상'이라고 하면서 켄타우로스 전설에는 투박한 야만성과 분노가 상징화되어 있다고 했다.[22] 특히 신화의 상징을 '비유로 나타난 심리학적 예측'[23]이라고 주장한 뽈 디엘(Paul Diel)은 반인반수의 동물적 요소들을 '인간성'에 대립되는 것으로 보고 대부분의 존재들을 '위험성'이라는 측면에서 파악하였다. 동물성을 저급한 것으로 보았던 서구 근대의 이성적 사고를 답습한 그의 심리학적 분석은 매우 흥미롭지만 반인반수에 대한 그의 분석을 중국 신화에 그대로 적용시킬 수는 없다. 메두사가 상징하는 것을 '도착적인 상상'[24]이라고 설명할 수는 있지만 중국 신화에 등장하는 인면사신(人面蛇身)의 신들을 '도착적인 상상'이라고 해석할 수는 없기 때문이다.

중국 신화에 등장하는 반인반수의 대표적 존재인 복희와 여와를 보자. 중국 신화에서 여와는 대지모(大地母)적인 성격뿐 아니라 흙으로 인간을 빚은 창조신의 신격까지 지니고 있는 위대한 존재이다. 서구적 전통에서 위대한 하나님이 뱀의 형태라거나 혹은 제우스가 뱀의 몸을 하고 있다고 말한다면 그것은 신성모독일 것이다. 그러나 중국 신화의 창조신 여와는 뱀의 몸으로 등장한다. 뱀에 대한 외경심에서 출발하여 뱀에 신성을 부여했다고 본다면, 인면사신의 여와는 그 신성의 현현이다.

최초의 신이 동물의 형태를 하고 있었을 것이라는 추측에도 불구하고, 반인반수 형태가 동물에서 인간으로 변하는 과정을 나타낸 것인가, 아니면 인간에서 동물로 변하는 과정을 보여 주는 것인가를 따지는 것은 무의미하다. 반인반수 신화에는 직선적 시간 개념이나 발전의 개념 같은 것은 개입되지 않는다. 즉 '동물→인간' 혹은 '인간→동물'이라는 시간 개념이 존재하지 않는다. 그것은 그저 아득한 신화적 시간이며 신화적 공간이다. '동물→반인반수→인간'이라는 도식으로 신의 형태의 변화과정을 규정하는 것은 어찌 보면 서구적 시간 개념의 산물이라고 볼 수 있다. 『산해경』의 반인반수 형태는 이러한 직선적 발전 개념과 시간 개념을 초월한다. 그들이 보여주고 있는 것은 동물성에서 벗어나 인간의 '아름다운 이성'으로 향해가고자 하는 소망이 아니라 오히려 동물적인 것들이 갖고 있던 거대하고 무시무시한 힘에 대한 숭배의 심리이다. 인간과 동물의 형체를 공유함으로써 신과 통할 수 있다는 심리가 투사된 형상물로서의 반인반수는 인간이라는 주체가 상상력을 통해 자신이 바라본 대상을 특별한 이미지로 형상화시킨 결과물이기도 하다.

『산해경』, 반인반수 신화의 의미

중국의 신화는 주(周)나라로 접어들면서 역사화되어, 신화 속의 신들이 역사 속의 제왕의 형태로 등장하게 된다. 물론 그 제왕들의 모습은 근엄한 인간의 형태이다. 그러나 아직은 역사화되지 않은 생기발랄한 신들이 여전히 반인반수 형태로 등장하는 책이 있으니, 그것이 바로 『산해경(山海經)』이다. 일반적으로 『산해경』은 주(周) 문명이라는 중원 지역의 전통과는 그 맥락을 달리한다고 여겨진다. 이 책은 신화 속의 신들을 역사 속의 인간화된 제왕으로 만든 주대(周代)의 인문주의적 전통을 따르지 않고 고대로부터 은(殷)나라를 거쳐 남방의 초

(楚)나라에 이르기까지의 신화적 전통을 충실히 계승하고 있는 것이다.[25] 그리하여 이 책에 나오는 반인반수 형태의 신들은 인간과 자연이 하나로 교감하던 시절의 기억을 여전히 보존하고 있다.

『산해경』에 등장하는 반인반수 형태는 대부분 사람의 얼굴에 동물의 몸이라는 형태로 나타나는데, 동물 중에서도 가장 자주 출현하는 것이 바로 새와 뱀이다. 그들의 형태 중에 새가 가장 자주 등장한다는 것은 이 책이 그리고 중국 고대의 신화가 발생 초기부터 동이(東夷) 계통의 사상과 깊이 연관되어 있다는 것을 보여 준다. 뱀 역시 이 책이 남방 문화와도 깊은 관계를 갖고 있음을 보여 주고 있다.

반인반수의 신들이 나타나면 세상에 가뭄이나 홍수 혹은 전쟁이 일어난다. 고대인들이 가장 두려워했던 자연계의 재앙과 동물 형태의 신들이 동일시될 만큼 그들은 강한 신성을 상징하는 존재들이다. 강한 힘에 대한 경외와 숭배의 심리가 변형되어 나타난 것이 바로 재앙을 예고하는 동물들이다. 『산해경』에 나타나는 반인반수 신들은 그저 단순한 하이브리드(Hybrid)가 아니라 동물성과 신성을 함께 지닌 신으로 보아야 한다.

동이(東夷) 계통의 신화 속 새의 의미

중국 고대의 대표적 신석기시대 유적지인 산동(山東) 지역의 대문구(大汶口) 문화권에서 출토된 유물을 살펴보면 새 모양의 도기(陶器)가 단연 눈에 띈다. 물론 그보다 약간 남쪽, 양저(良渚) 문화권에서도 새의 모습을 한 유물들이 보인다. 80년대 초기에 요녕성(遼寧省)에서 발굴된 홍산(紅山) 문화 유적지에서도 옥(玉)으로 만들어진 새가 발견되었는데, 이것은 샤먼들이 신에게 제사지낼 때 사용했던 도구로 보인다. 홍산문화의 샤머니즘적 전통은 은나라의 종교적 전통에서도 그 흔적을 찾아볼 수 있다. 새는 고대 알타이 계통의 문화권에서 하늘과 통하는 메신저였다. 새는 샤먼의 곁에서 신의 뜻을 충실히 전하는 역할을 하고 있었으니, 우리 나라에서도 새는 하늘의 뜻을 인간에게 전달해주는 메신저의 역할을 하고 있다. 마을 입구에 높이 솟아있는 솟대가 바로 그 흔적이다. 새 모양의 유물들이 발견되는 신석기시대의 유적지 등을 통해 볼 때, 고대 산동과 요동 반도 그리고 한반도 지역의 주민들이 새를 숭배하였거나 새를 토템으로 여겼던 것은 확실해 보인다. 토템의 일치성은 이 지역 고대민족이 어떤 식으로든 서로 문화적인 관계를 맺고 있었다는 증거가 된다.

『산해경』에 등장하는 반인 반수의 동물적 요소를 이루는 새들은 대부분 올빼미나 솔개, 매 혹은 뱀을 걸고 있는 새 등, 주로 강한 힘을 가진 새들이다. 이러한 맹금류는 신성의 에피파니로서 부족함이 없다.

龍山文化에서 출토된 새 모양의 홍도규.

고대인들은 이러한 강한 새들에게서 신의 계시를 읽어내었던 것이다.

왜, 하필 뱀인가

뱀은 어느 나라 신화에서나 자주 등장하는 존재이다. 그리스 신화의 헤라도 제우스의 아내로 신화에 등장하기 이전, 본래는 원초적 생명력을 나타내는 대지의 여신으로서 뱀과 관련이 있었다고 여겨진다. 뱀은 그리스 신화에서 에로틱한 욕망을 상징하기도 하지만 대체적으로 생명의 원초적 에너지를 상징한다. 크레타의 크노소스 궁전에서 발굴된 여신상 중 양손에 뱀을 쥐고 가슴을 드러낸 여신의 모습이 있는데, 풍요와 다산을 관장하는 여신은 흔히 뱀과 관련되어 있다. 그리고 양손에 곡식을 쥐고 있는 농경의 여신 데메테르의 양 팔에 뱀이 휘감겨 있는 부조도 눈에 띈다. 중국에서도 뱀의 몸을 한 여신 여와는 만물을 화육(化育)시키는 기능을 하고 있다.

퓌티아 신화는 서구에 기독교가 출현하기 이전, 뱀에 대한 그리스 사람들의 관점이 중국 고대의 그것과 다름이 없었음을 보여 준다. 이 신화에서 뱀이 상징하는 다산(多産)과 풍요, 신비한 예언의 능력, 초월성 등은 중국 고대의 뱀에 대한 사고와 비슷하다고 말할 수 있다.

한편 뽈 디엘은 의학의 신 아스클레피오스의 상징이 되고 있는 뱀이 감긴 지팡이를 에덴 동산의 사과나무처럼 '악의 본질인 뱀이 휘감겨 있는 생명의 나무'로 파악한다. 그래서 뱀이 죽음의 이미지를 갖게 된다는 것이다. 그러나 이러한 해석은 그리스 신화에 등장하는 뱀의 이미지를 대단히 왜곡하여 설명한 것이다. 의료의 신이 갖고 있는 지팡이에 등장하는 뱀의 의미를 '생명의 나무를 감고 있는 허영'으로 여기는 것은 기독교적 관점에서 바라본 해석일 뿐, 여기서 뱀은 불멸과 재생을 상징하는 것으로 보아야 한다. 그리스 신화에 등장하는 뱀의 이미지는 '죽음'도 아니고 '허영'도 아니다. 뱀은 초월적 신성, 예언의 능력을 갖고 있으며 다산(多産)을 상징하고 있고 아스클레피오스의 지팡이에서처럼 재생과 불멸을 상징한다.

중국에서는 뱀의 몸을 한 복희와 여와가 무덤에 자주 등장한다. 중국의 한(漢)나라 때에는 장례를 후하게 지내는 풍습이 있었다. 조상을 모신 무덤 안에 돌로 여러 가지 그림들을 새겨 넣었고, 사당의 벽도 온갖 벽화로 치장하였다. 심지어는 돌로 만들어진 관에도 많은 그림을 새겨 넣었는데, 그것들을 '화상석(畫像石)'이라고 한다. 화상석에 새겨진 도상(圖像)들을 살펴보면 복희와 여와의 그림이 매우 많이 등장하는 것을 발견할 수 있다. 왜 복희와 여와의 도상을 무덤이나 사당의 화상석에 새겼을까? 그것은 바로 그들이 뱀의 몸을 하고 있다는 것과 상당한 관련성이 있다. 죽은 사람을 모신 사당이나 무덤에 불멸과 재생을 상징하는 뱀의 형상을 한 복희와 여와를 짝지어 새겨 넣었다는 것은 탈피와 재생이라는 뱀의 속성과 관련지어 죽은 자들의 영혼이 불멸하기를 기원했던 당시 사람들의 소망을 보여 주는 것이다. 재미있는 것은 인면사신(人面蛇身)

의 여와가 무덤의 그림에 등장했던 것처럼, 그리스에서도 죽은 사람을 위한 무덤 앞에 바쳐진 봉헌부조에 아스클레피오스와 그의 딸 휘게이아가 등장한다는 점이다. 물론 거기에는 아스클레피오스의 지팡이에 보이는 뱀도 등장한다. 뱀의 형상을 한 여와의 모습이 무덤에 등장하는 것과 아스클레피오스의 지팡이에 뱀이 등장하는 것을 같은 맥락에서 볼 수도 있는 것이다.

陝北 지역 한대 화상석에 새겨진 복희와 여와의 도상.

뱀의 탈피와 재생을 보여 주는 이야기들은 비한족(非漢族)들의 구전(口傳) 신화에도 많이 등장하고 있다. 중국은 56개의 민족으로 구성된 나라이다. 우리가 일반적으로 '중국 신화'라고 알고 있는 것은 대부분 한족(漢族)들의 고대 문헌에 기록된 것이다. 나머지 55개의 비한족들에게도 수없이 많은 신화들이 전승되고 있는데, 뱀의 탈피와 불멸 그리고 인간의 죽음과 관련된 '뱀 탈피형(蛇脫皮型)' 신화는 중국의 남방 지역에 광범위하게 전승되고 있다. 이 이야기는 처음에는 인간도 뱀이 껍데기를 벗듯이 장생불사했었는데, 인간이 탈피의 고통을 이기지 못하고 뱀과 역할을 바꾸게 되어, 인간은 죽는 운명을 지니게 되었고 뱀은 장생불사하게 되었다는 서사 구조를 지닌다. 뱀이 장생불사한다는 관념은 상당히 오래된 것이며, 널리 퍼져있었던 것임을 알게 해주는 신화이다.

한편 『산해경』에 보면 흥미로운 신들의 모습이 자주 보이는데, 그것은 바로 뱀을 손에 들고 있거나 발로 밟고 있는 신 혹은 귀고리처럼 귀에 뱀을 건 신들의 모습이다. 아마도 이것은 강력하고 두려운 힘을 의미하는 동물의 신성이 인격화된 신에게로 전이된 것으로 보인다. 무시무시한 신성을 지닌 뱀을 잡거나 밟고 있는 새 모양의 혹은 인간 모양의 신은 뱀보다 더 강한 힘의 상징인 것이다. 그래서 사람들은 그런 신의 모습을 나무나 청동기에 새겨 무덤 속에 넣어두고 사악한 힘을 제압하는 상징으로 삼았다.[26]

도전과 극복

과보의 죽음과 이카로스의 죽음

중국 신화에 등장하는 과보와 그리스 신화의 이카로스를 비교할 수 있는 것은 그들의 죽음을 대하는 중국과 서구의 인식이 그만큼 다르기 때문이다. 그들은 똑같이 무모해 보이는 욕망으로 인해 죽었지만 그들의 죽음 이후에 관한 이야기가 너무나 달라서 흥미롭다.

미노스 왕의 분노 때문에 크레타 섬에 갇힌 다이달로스는 밀랍으로 만든 날개를 달고 섬에서의 탈출을 시도한다. 아들 이카로스에게도 밀랍으로 만든 날개를 달아주었고 둘은 함께 하늘을 날아오른다. 너무 높이 날아 태양에 가까이 가면 밀랍

날개가 녹아버릴 것이라는 경고를 무시한 아들 이카로스는 조금 더 높이 날고 싶은 욕망으로 인해 추락해 버린다. 태양과 적당한 간격을 유지했던 아버지 다이달로스가 무사히 살아남았음은 물론이다. 태양은 신의 영역이다. 신은 그들의 영역에 인간이 접근하는 것을 허락하지 않는다. 태양신 헬리오스의 아들이지만 인간의 여인 클뤼메네의 자식이었던 파에톤은 인간의 신분으로 헬리오스의 태양마차를 몰다가 제우스의 벼락을 맞고 죽는다. 이카로스와 마찬가지로 그도 무모한 도전으로 인해 귀중한 생명을 잃는다. 파에톤의 주검을 수습해서 묻어준 밤의 나라 헤스페리아의 요정들은 비석에 "힘이 모자랐으나 그 뜻만은 가상하지 않은가"라고 써넣었지만 그것으로 그칠 뿐, 이카로스와 파에톤의 죽음 뒤에 이어지는 이야기들은 전혀 전해지지 않고 있다. 어쩌면 그것은 신의 영역에 도전하는 것을 허락하지 않았던, 인간과 신의 경계를 엄격하게 설정했던 그리스 신화의 정신이 반영되어 있는 것으로 볼 수 있다.

그러나 중국 신화의 과보(夸父)는 좀 다르다. 과보는 본래 거인족이었다. 황제(黃帝)와 치우(蚩尤)와의 그 유명한 전쟁에도 잠시 등장하는 과보는 아마도 염제(炎帝)와 치우 계통에 속하는 거인족이었던 것으로 추측되는데, 중국 신화 속에 나타나는 거인들이 거의 그렇듯이 과보에게도 역시 저돌적인 면이 있었다. 동쪽에서 떠서 서쪽으로 지는 태양을 바라보며 그 태양보다 더 빨리 달리고 싶다는 무모한 생각을 했던 것이다.

어느 날 태양이 동쪽에서 떠오르는 순간 과보는 그 소망을 이루기 위해 달리기 시작했다. 중천에 떠있는 태양을 보며 열심히 달리던 과보, 저녁이 되어 태양이 서산으로 기울기 시작할 무렵 드디어 거대한 태양을 바로 눈앞에서 바라보게 되었다. 태양과 함께 서쪽에 도착했다는 기쁨도 잠시, 그는 너무나 목이 말랐다. 강물을 모조리 마셔도 갈증이 가시지 않았던 과보는 북쪽 바다로 달려가기 시작한다. 빨리 가서 물을 마셔야만 했다. 그러나 지나치게 기력을 소진했던 과보는 북쪽 바다로 가는 도중 갈증을 이기지 못하고 그만 쓰러져 죽게 된다. 여기까지는 이카로스의 이야기와 매우 흡사하게 전개된다. 태양을 신의 영역이라고 한다면 태양보다 빨리 달리고자 하는 것은 과보의 욕망이다. 신의 영역에 도전하고자 하는 무모한 욕망, 신은 그 욕망을 거부하고 결국 과보는 길에 쓰러져 죽게 된다. 그러나 바로 거기에서 이야기는 다른 방향으로 전개된다. 과보가 들고 가던 지팡이가 땅에 떨어져 등림(鄧林)이라는 거대한 복숭아숲이 생겨난 것이다.

　중국 신화에서 복숭아는 몇 가지 특이한 상징성을 지닌다. 신선들의 설화에서 복숭아는 천상의 과일이다. 먹으면 늙지도 죽지도 않는 불사약, 복숭아는 신선들의 과일로 자주 나타난다. 또한 위진(魏晉) 시대의 유명한 시인 도연명(陶淵明)의 작품 「도화원기(桃花源記)」에도 나오듯이 복숭아꽃이 가득 핀 마을, '도원(桃源)'은 중국 사람들이 꿈꾸는 이상향이다. 한편 복숭아 나뭇가지는 귀신을 쫓는 효능이 있다고 전해진다. 위대한 천신 예(羿)가 죽어 귀신들의 우두머리인 종규(鐘馗)로 변하는데, 예가 바로 복숭아나무 몽둥이로 맞아죽었다고 하여 귀신들이 모두 복숭아나무를 두려워 한다는 것이다. 그렇다면 과보의 지팡이가 변해서 이루어진 복숭아숲은 무엇을 의미할 까. 과보는 갈증으로 인하여 죽었다. 복숭아라는 과일은 갈증을 없애주는 과일이다. 과보의 지팡이는 복숭아숲으로 변해 길가는 여행자들의 목마름을 달래주었을 것이고, 비록 과보는 자신의 소망을 이루지 못하고 죽었지만 그의 영혼은 복숭아숲으로 변해 영원히 이어지고 있는 것이다.

한 가지 흥미로운 것은 여기에서 복숭아숲으로 변한 것이 과보의 '지팡이'라는 점이다. 지팡이는 신화 속에서 성스러운 속성을 지니고 자주 나타난다. 중국 서남부의 사천성(四川省) 삼성퇴(三星堆)에서 은나라와 같은 시기에 존재했던 고촉(古蜀)의 청동기유물이 대거 발굴되었는데, 그 중에도 아름다운 황금빛 지팡이가 포함되어 있었다.[27] 하늘에 올리는 제사를 주관하는 샤먼의 지팡이였을 것으로 추측되는 그것은 지팡이가 갖고 있는 신성을 명료하게 보여 주고 있다. 자크 브로스(Jacques Brosse)는 지팡이를 "신성이 머무는 자리 혹은 신성의 대체물인 나무의 상징으로 볼 수 있을 것이다. 더불어 이 막대기가 신의 권능과 치유 능력과 같은 또 다른 의미를 갖고 있다는 것은 나무가 갖는 신성한 효능을 상징하는 것이기도 하다"[28]라고 했다. 그가 말하는 지팡이는 성스러움이 깃든, 하늘과 땅을 연결해주는 나무의 생명력의 상징인데, 과보의 지팡이 역시 이러한 신적인 힘이 전이된 신목(神木)으로 볼 수 있다. 인간이나 신의 영혼이 전이된 물류(物類), 즉 지팡이 에는 영혼이 깃들어 있다. 프레이저가 『황금가지』에서 설명 했던 바 '접촉주술'이 바로 이러한 것이니, 과보의 지팡이가 복숭아숲으로 변한 것은 주술의 세계인 동시에 신화의 세계 인 것이다.

황제에게 대항했던 치우 그리고 붉은 단풍

중국 신화에는 몇 가지 신들의 전쟁이 등장한다. 북방을 관 장하는 괴팍한 상제 전욱(顓頊)과 물의 신 공공(共公)의 싸움 도 재미있긴 하지만 무엇보다 가장 흥미로운 것은 바로 중앙 상제 황제와 염제의 후손 치우의 전쟁이다.

남방을 다스리는 상제 염제는 일찍이 중원을 다스리는 천 제인 황제와 전쟁을 벌인 적이 있다. 염제는 그 전쟁에서 패해 남방의 상제 노릇에 만족하며 살아가고 있었는데, 그의 후손 인 치우가 다시 한번 황제와 전쟁을 하겠다고 나선다. 모든 것 의 중심인 황제의 권위에 도전한 것이다. 우여곡절 끝에 치우 는 황제와의 전쟁에서 패한다. 치우를 사로잡은 황제는 치우 의 손에는 수갑을, 발에는 차꼬를 채운다. 그리고 그의 목을 베어 죽인다. 치우가 요사스런 짓을 할까봐 걱정된 황제는 치 우의 목과 몸뚱이를 각각 다른 곳에 묻으라고 했고, 피 묻은 수갑과 차꼬는 황야에 내다버리라고 하였다. 기이한 것은 버려진 치우의 수갑과 차꼬에서 나무가 자라나기 시작했다는 것이다. 피 묻은 수갑에서 자라 나온 나무는 피처럼 붉은 빛이었는데, 그것이 바로 단풍나무이다. 맑은 햇살 아래 눈부신 핏빛으로 빛나는 단풍나무는 바로 치우의 영혼인 것이다.

중국의 역사서 속에서 황제는 중심의 권위를 대표하는 정의의 신으로 등장하고 치우는 중심의 권위에 대항한 반역의 신으로 등장한다. 하지만 민간에 전해지는 이야기 속에서 일반 민중들의 치우에 대한 동정심을 엿보기는 그리 어려운 일이 아니다. 치우의 목이 묻혔다고 하는 무덤에서는 해마다 가을이면 붉은 기운이 하늘로 솟아올라 '치우의 깃발(蚩尤旗)'이라고 불렸다고 하는데, 그것 역시 치우의 붉은 마음이 변한 것이라고 한다. 또한 한대(漢代) 이래 민간에는 '치우희(蚩尤戲)' 혹은 '각저희(角觝戲)'라는 것이 전해 내려오는데, 그것은 머리에 뿔이 달렸던 치우의 생김새를 흉내내어 만들어낸 놀이이다. 이러한 여러 가지 흔적들로 보아 강한 권위를 지닌 황제에게 대항했던 반역의 신 치우에 대해 사람들이 상당한 동정심을 갖고 있었음을 알 수 있다. 실패한 신에 대한 민중들의 동정심 역시 변신의 신화들이 생겨나게 된 중요 동기 중의 하나인 것이다. 영혼의 불멸에 대한 믿음, 동물과 인간이 하나의 층차에 있다고 여겼던 생명관, 순환하는 시간관념 그리고 도전과 불굴의 의지를 소중한 것으로 여겼던 중국인들의 가치 개념 등이 어우러져 과보와 치우의 변신 신화를 만들어내었던 것이다.

염제의 막내딸, 붉은 부리를 가진 정위조(精衛鳥)로 변신하다

죽은 사람의 영혼이 새로 변한다는 것은 한족뿐 아니라 비한족(非漢族) 신화에도 자주 보인다. 죽은 사람의 영혼이 새로 변한다는 모티프는 일찍이 전국(戰國)시대 초나라의 문학작품인 『초사(楚辭)』, 「초혼(招魂)」에서도 나타난다. 영혼은 새의 모습을 하고 있기 때문에 새장에 포근한 솜을 깔아놓고 영혼이 돌아오기를 기다린다는 내용이 나오는데, 그러한 기록을 통해 중국 고대 남방 사람들이 사람의 영혼을 새의 모습으로 상상하고 있었음을 알 수 있다. 동북방 허저족(赫哲族)의 신화에서도 사람의 영혼이 새의 모습을 하고 나무에 앉아있다고 한다. 그런 관념에서 생겨난 것으로 보이긴 하지만 중국 신화에는 사람이 소망을 이루지 못하고 죽었을 때 혹은 억울하게 죽었을 때 새로 변해 그 소망을 이루기 위해 노력하는 이야기가 매우 자주 보인다.

남방 상제 염제에게는 몇 명의 딸이 있었다고 하는데, 그중에 정위조로 변한 막내딸 여왜(女娃)의 이야기는 오랜 세월을 두고 중국인들을 감동시켜 왔다. 위진시대의 시인 도연명이 「산해경을 읽고(讀山海經詩)」에서 정위조의 강한 의지를 찬양한 이후 수많은 사람들이 그녀의 도전정신에 경의를 표해 왔다. 물론 이야기의 서사 구조는 간단하다. 염제의 아름다운 딸이 동해를 건너다가 물에 빠져 죽었다. 그런데 물에 빠져 죽은 그녀가 자기를 죽게 만든 동해를 메워버리겠다고 독한 마음을 먹고는 작은 새로 변해 서산(西山)으로 날아가 돌과 작은 나뭇가지들을 물어다가 동해바다에 빠뜨리고 있다는 것이다. 이렇게 간단한 서사 구조를 가진 이야기가 왜 그렇게 오랫동안 중국 사람들의 마음을 움직이고 있는 것인가.

아마도 그것은 염제의 딸이 엄청나게 큰 새가 아닌 아주 작고 가녀린 새로 변했다는 데에서 연유한 것으로 보인다. 부리가 붉은 정위조라는 새는 『산해경』에 나오는 송골매나 올빼미처럼 무시무시한 새가 아니라 작은 날개를 가진 가냘픈 새이다. 그런 작은 새가 머나먼 서산까지 날아가 돌과 작은 나뭇가지를 물고 힘겹게 다시 동해로 날아와 바다에 던져 넣는다. 그녀의 힘겨운 날갯짓으로는 넓고 푸른 동해를 메우기에는 역부족이다. 하지만 정위조는 동해를 메우겠다는 일념으로 오늘도 열심히 서산으로 날아간다. 그러한 비장한 장면이 사람들의 마음을 움직였던 것 같다. 중국 사람들이 오늘날까지도 매우 중시하는 가치 중의 하나가 바로 '절대로 굽히지 않는(不撓不屈)' 정신이다. 어떠한 어려움 앞에서도 굴하지 않고 머나먼 미래를 내다보며 현재를 열심히 살아가는 정신이야말로 중국 사람들이 가장 중요하게 여기는 가치 중의 하나이다. '우공이산(愚公移山)'의 이야기가 지금도 자주 인용되고 있는 맥락에서 보면, 그리고 장강(長江) 삼협(三峽)에 세계 최대의 댐을 건설하고 있는 중국 사람들의 강한 도전정신으로 보면 그 단순한 서사 구조를 갖춘 이야기에 중국 사람들이 지금도 감동하고 있는 것이 그리 이상한 일은 아니라는 생각이 든다.

귀신들의 왕으로 변한 영웅 예

요(堯)임금 시절, 갑자기 하늘에 열 개의 태양이 동시에 나타났다. 부상수(扶桑樹)에 매달려 있던 열 개의 태양, 즉 천제의 아들들은 신이 만들어 놓은 질서를 파괴하고 모두 함께 하늘로 튀어나온 것이다.

원래는 열 개의 태양을 낳은 위대한 어머니 희화(羲和)가 양곡(暘谷)에서 하루에 하나씩 태양을 정성껏 씻겨 태양마차에 태우고 하늘로 나왔다. 동쪽에서 서쪽으로, 태양의 여신 희화가 모는 마차는 하루에 하나씩 태양을 태우고 매일매일 그렇게 천공을 가로질렀다. 그러나 부상수에 매달려 순서를 기다려야 하는 아들들은 지루해지기 시작했다. 그들은 어느 날 일상에서의 탈출을 모의한다. 그리고 아무도 주의하지 않는 틈을 타 동시에 하늘로 뛰쳐나온 것이다. 지상의 생명 있는 것들은 목이 말라서 죽을 지경이었고 강물은 바닥을 드러내었으며 돌조차 녹아버릴 지경이었다.

바로 이때 멋진 해결사가 등장했으니, 그가 바로 하늘의 위대한 천신 예(羿)이다. 예는 천신의 신분으로 하늘에서 내려와 인간들을 위해 여러 어려움을 해결해주었기 때문에 자주 그리스 신화의 헤라클레스와 비교되곤 한다. 더구나 천신 예는 활의 명수였다. 지상으로 내려온 예는 열 개의 태양을 향해 활시위를 당겼고, 단 한 개만 남겨놓은 채 나머지 아홉 개의 태양을 모조리 쏘아 떨어뜨렸다. 지상의 인간들은 한숨 돌리며 그의 공적을 찬양했지만 졸지에 아홉 아들을 잃은 신은 분노하지 않을 수 없었다. 제물을 바치며 하늘로 돌아갈 것을 희망했던 예에게 돌아온 것은 인간과 같은 운명으로 지상에서 살아가야 하는 징벌이었다. 예와 함께 하늘에서 내려온 아름다운 아내 항아(嫦娥) 역시 그러한 운명을 받아들여야 했다.

그들이 찾아낸 해결 방법은 곤륜산(昆侖山)에 사는 서왕모(西王母)를 찾아가 불사의 영약을 얻어오는 것이었다. 그들은 불사약을 먹고 기다리다 보면 언젠가는 천제의 노여움이 풀려 하늘로 돌아갈 수 있을 것이라고 생각했다. 영웅 예는 온갖 난관을 극복하며 서왕모를 찾아가 불사약을 얻어왔고, 좋은 날을 잡아 아내 항아와 함께 그것을 먹기로 약속한다. 그러나 때를 기다리지 못한 항아는 혼자서 약을 먹고 월궁(月宮)으로 날아가 버렸고, 혼자 남은 예는 실의에 빠져 황폐한 생활을 하게 된다.

그러다가 결국 활의 명인 예는 그의 가신인 봉몽(逢蒙)에 의해 죽임을 당하게 된다. 봉몽은 들고 다니던 복숭아나무 방망이로 예의 뒤통수를 내리쳤고, 인간을 위해 많은 일을 했던 영웅 예는 죽고 만다. 신화 속의 영웅 예는 이렇듯 비극적으로 생을 마감하지만, 이야기 속에서 영웅 예는 그냥 죽고 끝나지 않는다. 사람들은 그를 종포신(宗布神)으로 되살려낸다. 종포신은 귀신들의 우두머리로, 인간들을 위해 수많은 재앙을 해결해주었던 예는 죽어서도 귀신들의 우두머리가 되어 인간들을 보호해준다. 물론 예는 인간들에게 더 친근한 신의 형태로 변하기도 했으니 그가 바로 종규(鍾馗)이다.

종규는 중국 신화 속에서 못된 귀신을 잡아먹는 귀신들의 우두머리인데, 인간들에게 병을 주거나 인간들을 지나치게 괴롭히는 잡귀들은 종규의 손에서 벗어나지 못했다. 종규가 있어서 잡귀들은 인간을 혹독하게 괴롭히지 못했던 것이다. 그래서 사람들은 단오날이나 설날이 되면 종규의 그림을 그려 문 앞에 붙여놓곤 했다. 무시무시한 귀신들의 왕 종규를 보고 잡귀들이 감히 집안으로 들어오지 못했음은 물론이다. 영웅 예는 죽어서도 인간들의 수호천사 노릇을 하고 있는 것이다. 물론 중국에는 종규 이외에도 신도(神荼)와 울루(鬱壘), 진군(秦軍)과 호수(胡帥) 등의 문신들이 더 있다.

明나라 때 陳洪綬가 그린 종규의 모습.

이처럼 중국 신화 속의 비극적 영웅 예가 종규로 변하게 된 것 역시 예에 대한 사람들의 동정심 때문이었다. 물론 그 심리의 저변에는 고대로부터 이어져 내려온 영혼의 불멸에 대한 관념, 세상 모든 것은 변할 뿐 사라지는 것은 없다는 장자식의 사고, 영혼은 또 다른 몸을 얻어야만 다른 영혼과 관계를 맺을 수 있다는 몸에 대한 관념 등이 깔려있음은 물론이다. 그리고 이런 측면에서 볼 때 중국 신화 속의 비극적 주인공들은 앞에서 본 치우나 예 혹은 정위에 이르기까지 엄밀한 의미에서 비극적 영웅이 아니다. 죽어서도 다른 형체로 변해 생명을 이어가는 그들에게 '비극적'이라는 단어는 어울리지 않는다. 우리 나라나 중국의 고소설(古小說)들이 대부분 해피 엔딩으로 끝을 맺는 이유 역시 이런 맥락에서 생각해 볼 수 있을 것이다. 죽은 사람의 영혼이 다른 형체로, 동물이나 식물의 형태로도 변할 수 있다고 믿는 세계에서 비극은 존재하지 않는다. 영원히 순환하는 세계에서 생명은 직선적으로 끝나는 것이 아니기 때문이다.

강한 힘에 대한 열망, 치수(治水) 영웅들의 변신

앞에서 열거한 이야기에 등장하는 주인공의 변신에는 공통점이 있다. 일단 주인공들이 죽는다는 점이다. 변신의 전제조건으로 죽음이 있다. 죽음 뒤의 세계를 상정해놓지 않는 중국 신화에서 주인공의 죽음은 생명의 또 다른 시작을 의미한다. 그것은 다만 변화의 과정일 뿐, 생명은 다른 형체를 통해 계속해서 이어지고 있는 것이다.

그러나 지금 말하고자 하는 변신은 죽음과 관련이 없다. 이야기의 주인공들은 살아 있는 상태에서 변신한다. 이러한 종류의 변신은 반인반수 신화에 보이던 동물이 갖고 있는 강한 힘에 대한 열망을 표현하고 있다. 이 유형의 신화들에는 강한 동물의 힘을 빌어 자연재해를 극복하고자 했던 고대인들의 소망이 담겨져 있다. 이 이야기들은 주로 물에 의한 재앙을 극복하려는 것과 관련되어 있어 고대 중국인들에게 있어서 두 개의 큰 강, 장강과 황하(黃河)를 다스리는 것이 얼마나 중요한 일이었는가 하는 점을 알게 해준다. 그러한 치수의 과정에서 인간은 곰이나 용 혹은 황소처럼 강한 힘을 가진 동물로 변하는데, 홍수를 다스리기 위해 곰으로 변신하는 우(禹)와 역시 홍수를 일으키는 신에게 대적해 싸우기 위해 소로 변하는 이빙(李氷) 이야기가 대표적이다.

죽은 뒤에 곰으로 변한 곤(鯀), 살아서 곰으로 변한 우(禹)

중국 신화에서 최초로 물을 다스리는 작업을 했던 천신은 곤이다. 곤은 물길을 막는 방법으로 치수를 하다가 실패했다. 하지만 치수의 실패 때문이라기보다는 천제의 보물인 식양(息壤, 물속에 조금만 던져 넣어도 저절로 불어나 엄청난 산이 되는 신기한 흙)을 훔쳐낸 죄 때문에 죽임을 당했다. 그러나 그의 시체는 3년 동안 썩지 않은 채 그대로 있었고, 이 소식을 들은 천제는 다시 신하를 보내 오도(吳刀)라는 칼로 그의 배를 갈라버리라고 했다. 천제의 사신이 우산(羽山)으로 가 곤의 배를 갈랐을 때, 갈라진 곤의 뱃속에서는 아들 우가 튀어나왔다. 제우스의 머리에서 아테나가, 허벅지에서 디오니소스가 튀어나온 것을 연상케 하는 이 이야기들은 물론 직접적 변신의 신화는 아니다. 하지만 치수를 하다가 죽은 곤의 생명이 아들인 우를 통해 이어졌다고 본다면 이것 역시 간접적 변신 신화라고 할 만하다. 신성의 연속성이라는 측면에서 변신 신화의 일종이라고 볼 수 있는 것이다.

또 다른 기록에 의하면 곤은 치수에 실패한 뒤 누런 곰으로 변하여 우연(羽淵)이라는 연못으로 뛰어들었다고 한다. 신화 속에서는 신들이 자신의 소망을 이루지 못하고 비정상적으로 죽임을 당하게 되었을 때 그들의 토템으로 돌아가는 것이 보통이다. 그런 점에서 볼 때 인간을 위하여 치수작업을 하다가 불의의 죽음을 맞이하게 된 영웅에 대해 인간들이 연민의 감정을 느꼈을 것은 당연하며, 사람들은 곤을 자신의 토템으로 돌아가게 해 영원한 생명을 유지하게 한다.

곤의 뒤를 이어 치수작업을 하게 된 아들 우는 아버지 곤과는 다르게, 주로 물길을 트는 방법을 사용하였다. 물길을 트려고 하다보니 자주 거대한 산을 뚫는 작업을 해야 했고, 그러한 험한 작업을 하자면 인간의 형태로는 힘들었다. 그래서 우는 자주 곰으로 변했다. 곰으로 변하면 산을 뚫는 것 같은 험한 작업을 하기가 훨씬 수월했던 것이다. 이 이야기에서 우가 곰으로 변신한 것은 곤이 곰으로 변신한 것과는 의미가 다르다. 우는 동물의 강한 힘을 얻기 위해 변신하였다. 여기서 곰은 토템으로서의 성격보다는 동물의 강한 힘을 숭배하던 바위그림의 정신을 반영하고 있는 것으로 보인다.

신화를 역사적 의미론의 시각에서 파악하는 사람들은 우의 신화를 "우가 곰의 도움을 받아 무거운 돌을 옮기며 산을 갈라 놓는 작업을 하였다"라고 해석할 것이다. 그러나 신화의 세계에서는 우가 직접 곰으로 변신하는 것이 가능하다. 이 신화를 '우가 곰의 도움을 받아서'라고 해석하는 것보다는 '우가 곰으로 변하여'라고 해석하는 편이 훨씬 더 신화적 진실에 가깝다.

제물로 바쳐지는 처녀, 황소로 변한 이빙

은(殷)나라 때의 갑골(甲骨)에 새겨진 글은 이미 고대 중국에서 황하의 신 하백(河伯)에게 처녀를 제물로 바쳤을 것이라는 짐작을 가능하게 한다. 하백은 사람의 얼굴에 물고기의 몸을 하고 있는 황하의 신으로서 우리 나라 신화에 나타나는 하백과는 달리 제멋대로 하는 바람둥이 정령의 모습으로 등장한다. 그가 처녀를 제물로 받았다는 이야기는 『사기(史記)』, 「골계열전(滑稽列傳)」에도 보이는데, 서문표(西門豹)라는 지혜로운 현령이 나타나서 그러한 습속을 끝장낸다. 이 밖에 처녀를 제물로 바치는 또 하나의 대표적 이야기가 바로 이빙과 강신(江神)에 관한 것이다.

처녀를 제물로 요구하는 강신에게 이빙이 도전장을 던진다. 그리고 강신은 푸른 소로 변하여 이빙과 싸운다. 물론 이빙 역시 푸른 소로 변해 강신과 싸운다. 이빙은 싸움에서 밀리자 강가로 나와 부하들에게 허리에 하얀 띠를 맨 것이 자기이니 띠를 매지 않은 푸른 소를 화살로 쏘라고 일러줘 결국 승리하게 된다. 이 이야기에서 이빙이 소로 변하여 강신과 싸웠다는 것은 바로 소가 농신(農神)이자 물과 관련된 수신(水神)이라는 것을 의미한다. 동물은 인간에게 친근감과 동시에 두려움을 주는 존재였으니, 이빙이 푸른 소로 변한 것이 소의 긍정적 측면이었다면 강신이 푸른 소로 변한 것은 소의 부정적 측면을 보여 주는 것으로 여겨진다.

그리스 신화에서는 헤라클레스가 강물의 신 아켈로오스와 싸운다. 여기서 아켈로오스는 푸른 옷을 입은 강물의 신으로 등장하며 소로 변해 헤라클레스와 싸운다. 강물의 신이 푸른 옷을 입었다거나, 그가 소의 형태로 헤라클레스와 싸운다는 것은 중국 신화의 강신과 흡사하여 흥미를 끌고 있다. 홍수나 치수의 신화에서 소가 농경이나 풍요와 깊이 관련되어 있는 것은 세계 어느 나라 신화에서나 보이는 공통적인 현상이다.

금기와 위반

뒤돌아보지 말라

태초에 유혹이 있었다. 낙원의 중심에서 자라고 있는 두 그루의 나무, 열매를 따먹지 말라는 하나님의 금기는 아름다운 유혹이었다. 신은 인간이 금기를 지키지 못할 것임을 알고 있었다. 애초부터 신은 신의 영역에 대한 인간의 접근을 차단하고 있었다.

신만이 태양마차를 몰 수 있다는 금기에 도전했던 파에톤에게 내려진 것은 제우스의 벼락이었고, 인간과의 수놓기 시합을 허락했던 아테나는 신들의 권위를 조롱하는 여인 아라크네를 거미로 만들어버렸으며, 레토의 권위에 도전했던 테바이의 왕비 니오베 역시 돌로 변해 고향땅에서 지금까지 눈물을 흘리고 있다. 신의 계율을 어기고 생활했던 소돔 성은 유황불을 뒤집어 써야 했고, 신의 영역을 무시로 드나들었던 인간들은 하늘사다리를 끊어버리라는 천제 전욱(顓頊)의 명령29)을 고스란히 감수해야 했다.

어느 문화권에서나 신은 인간의 도전을 허락지 않았다. 한 마을을 온통 물로 휩쓸어버리면서도 신은 살려둔 유일한 인간에게조차 '돌아보지 말라'는 금기를 설정하여 인간을 유혹했다. 그것은 금기이면서 동시에 '돌아보라'는 강렬한 유혹이었다. 유혹에 넘어갈 것임에 틀림없는 것이 인간이라는 존재임을 알면서도 신은 늘 금기를 만들어 그들의 영역에 인간이 접근하는 것을 차단했다. 그러나 인간은 그 금기를 끊임없이 위반했다. 에덴의 낙원에서 열매를 따먹은 인간의 행위는 신의 유혹에 넘어간 나약한 의지력의 상징인가, 아니면 금기에 대한 위반임을 알면서도 대담하게 도전한 자유의지의 표상인가.

금기에 대한 위반의 기본적 계기는 인간의 원초적 호기심일 수 있다. 판도라의 호기심에 대해서는 우리도 이미 잘 알고 있거니와 페르세포네에게서 얻은 미(美)의 상자를 열어보다가 깊은 잠에 빠진 푸쉬케 역시 인간의 근본 성향인 호기심을 잘 보여 주고 있다. 아르테미스의 알몸을 본 악타이온은 호기심 때문에 스스로 죽음을 재촉했으며, 제우스의 본래 모습을 보고자 했던 세멜레도 신의 영역에 대한 호기심 때문에 재로 변한다. 아내인 에우리디케를 구하러 저승에 간 오르페우스는 저승땅을 벗어나 아베르노스에 이르기까지 돌아보아서는 안 된다는 금기를 '근심과 걱정과 궁금증을 견디지 못하고 뒤를 돌아다보고 말아' 사랑하는 아내를 잃게 된다. 위대했던 중국의 진시황(秦始皇) 역시 자신의 흉한 모습을 그리지 말라는 바다신(海神)의 금기를 어기고 몰래 그의 모습을 그리다가 부하들을 모조리 잃는 재앙을 당했다. 우리 나라의 우렁각시 전설과 똑같은 서사 구조를 지닌 중국의 백수소녀(白水素女) 전설에 나오는 사내도 매일 아침밥을 해놓는 우렁각시의 모습을 몰래 엿보았다가 그녀를 잃어버리지 않았던가. 그러나 금기에 대한 위반이 단지 '호기심' 때문일까. 많은 신화 속에 보이는 금기에 대한 위반의 이야기들, 그것에는 과연 어떤 의미가 들어있는 것일까.

물에 잠긴 마을, 뒤돌아보다가 돌이 된 여인

중국 신화에서 매우 잘 알려진 모티프 중의 하나가 바로 물에 잠긴 마을에 관한 이야기이다. 마을 전체가 물에 잠기는 특별한 이유가 드러나 있지 않은 경우도 있고 용(龍)의 아들인 물고기를 사람들이 잡아먹어 마을이 물에 잠기는 경우도 있다. 다만 마을이 물에 잠기는 경우 유일한 한 사람이 살아남는데, 그것은 여인인 경우가 대부분이다. 이러한 유형의 이야기들을 '함호(陷湖) 전설', 즉 '가라앉아 호수가 된 마을에 관한 이야기'라고 한다.

우리 나라에도 '장자못 전설' 혹은 '며느리바위'라는 제목으로 함호 전설이 광범위하게 채록되고 있는데, 주인공은 노파나 여인, 며느리 등 다양하지만 서사 구조는 대략 비슷하다. 누군가 예언자가 나타나 마을이 물에 잠기면 도망치되 절대로 뒤돌아보지 말라고 일러준다. 하지만 주인공은 뒤를 돌아보게 되고 결국은 돌로 변한다. 이 이야기에서 '돌아본다'는 것은 보아서는 안 될 신의 영역을 들여다본 위반의 행위이다. 돌아보지 말라는 경고를 어긴 주인공들이 돌로 변하는 것, 그것에는 문턱을 넘지 못한 인간에 대한 징계의 의미가 내포되어 있다. 돌로 변한다는 것은 바로 통과의례의 문턱을 넘지 못한 스스로의 욕망에 대한 징계라고 할 수 있는 것이다.

문턱, 경계, 중간적 영역

중간적인 곳은 인간에게 불안감을 안겨주는 장소이다. 그래서 뉴질랜드 마오리족은 새로운 땅에 넘어 들어가면 "우루우라 웨누아(Uruura whenua, 그 땅에 들어간다 또는 그 땅의 사람이 된다)!"[30]라는 주문을 외웠고 넘어온 곳을 뒤돌아보아서는 안 된다는 금기를 만들었던 것이며, 우리의 할머니들은 귀여운 손자들에게 문지방에 서 있으면 안 된다는 금기를 알려주었다. 성서에도 하나님이 카인에게 하는 말이 나온다. "네가 선을 행하면 어찌 낯을 들지 못하겠느냐, 선을 행치 아니하면 죄가 문에 엎드리느니라. 죄의 소원은 네게 있으나 너는 죄를 다스릴지니라."(「창세기」 4:6-7) 악한 귀신이 문지방에 웅크리고 있다가 인간이 잘하지 못하면 그를 유혹하여 죄를 짓게 만든다는 것이다. 고대 바빌로니아의 주문(呪文)만 보더라도 문지방이나 대문은 악한 귀신이 드나드는 유혹의 장소였다. 그래서 바빌로니아의 사제들은 문지방에서 "나가라, 악한 라비쭈! 들어와라, 선한 라비쭈!"라는 주문을 낭송했다.31) 문지방, 문턱, 경계가 되는 곳은 이렇게 불안감을 내포하고 있다.

중간적인 곳에서의 불안감은 인간이 자신이 지나온 곳을 돌아보고 싶어 하는 유혹을 느끼게 만들었으니, '돌아보지 말라'는 것은 자신이 지내온 자취, 자신의 지나간 과거와 냉정하게 결별하라는 금언에 다름 아니다. 뒤돌아보지 않고 용감하게 문턱을 넘어서는 인간이야말로 새로운 성(聖)의 영역으로 발을 내딛을 수 있다. 새로운 옴팔로스(omphalos : 세계의 중심)가 그곳에 열리게 되는 것이다. 그러나 많은 인간은 그것을 극복하지 못하고 자신의 돌아온 자취를 돌아본다. '돌아보지 말라'는 것은 경계를 넘어서지 못하는 인간의 나약함에 대한 경고인 것이다.

예수가 유혹을 받았던 광야 역시 경계선, 즉 문턱이 되는 곳이었다. 롯의 가족이 도망쳤던 산이나 필레몬과 바우키스가 도망친 산, 장자못 전설과 함호 전설의 주인공들이 도망쳤던 산, 그곳이 바로 경계이다. 경계선에 이른 그들에게는 돌아보지 말라는 금기를 통해 경계를 넘어서느냐 마느냐 하는 선택권이 주어진다. 그러나 신들은 인간이 그 금기를 지키지 못할 것임을 알고 있다. 금기의 설정은 하나의 경계선을 설정한다는 말인데, 통과의례가 힘든 것은 인간이 그 경계를 넘어 새로운 경지로 나아가는 것이 어려운 일이기 때문이다. 신들이 설정한 금기의 경계를 넘어 인간이 다른 성스러운 공간으로 넘어간다는 것은 과연 가능한가? 경계라는 것은 신들이 설정한 덫이고, 그 덫은 운명적이다. 돌아보지 말라는 것은 통과의례를 통해 강해지려는 인간들에게 신들이 설정해놓은 유혹이라고 할 수 있다. 금기를 설정한 모든 신들은 유혹자였다. 그 유혹에서 자유로울 수 있는 인간은 어디에도 없었다.

말하지 마라, 돌로 변한 영웅

하리푸(哈里布)가 학에게 잡혀갈 뻔한 작은 흰 뱀을 구해주었다. 다음 날 작은 흰 뱀이 하리푸에게 자기는 용왕의 딸이라며 자기 아버지에게 동물의 말을 알아들을 수 있는 돌을 달라고 말하라고 한다. 하지만 동물의 말을 듣고 나서 그것을 남에게 말하면 돌이 되어버릴 것이라고 경고한다. 하리푸는 그 돌을 몸에 지니고 동물들의 말을 알아듣는데, 어느 날 새들이 '내일 홍수가 닥칠 것'이라고 말하는 것을 듣게 된다. 하리푸는 마을사람들에게 새들이 한 말을 알려주며 모두 피하라고 했다. 말을 마치자 하리푸는 곧 돌로 변했고, 마을사람들은 모두 피해 살아났다. 마을사람들은 돌로 변한 하리푸에게 제사를 지냈다.

뱀의 도움으로 짐승의 말을 알아듣게 되는 사람에 관한 이야기는 그리스 신화에도 보인다. 코린토스 땅의 예언자 멜람포스에 관한 이야기가 바로 그것인데, 멜람포스는 죽은 어미 뱀 대신 새끼 뱀들을 돌보아 주었다. 자라난 뱀이 멜람포스의 귀를 핥자 그는 온갖 짐승들의 말을 다 알아들을 수 있게 되고 예언자 노릇을 하게 되었다는 이야기인데, 여기에서 뱀은 신비한 능력을 지닌 존재로 묘사되고 있다. 이 이야기에서는 '멜람포스'라는 이름만 중국식이 아닐 뿐 중국문헌에 전승되는 뱀에 관한 수많은 이야기들과 조금도 다를 바가 없다. 기독교적 전승에서 뱀이 유혹자로 인식되기 이전, 그리스 신화 속에서 뱀은 풍요와 재생의 상징이면서 또한 예언의 능력을 지닌 신비한 존재였던 것이다.

위에 인용한 이야기는 금기와 위반에 관한 가장 전형적인 신화로서 멍꾸족(蒙古族)과 먀오족(苗族)에게 동시에 전승되고 있다. 동물들의 말을 알아듣는 것은 신의 영역에 속한다. 선택된 인간 혼자서만 알고 있어야 할 신들의 영역에 다른 인간이 들어서게 하는 것은 금지된 타부이다. 금기를 범할 경우 받아야 할 징벌은 이미 예고되어 있다. 그러나 주인공은 신성에 대한 두려움과 마을 공동체에 대한 애정 사이에서 자신의 자발적 선택으로 금기를 깨고 신들의 영역을 인간들에게 열어 보이며 돌로 변하는 징벌을 적극적으로 받아들인다. 그것은 심리적 억압에서 벗어나 문지방, 즉 경계를 넘어서는 행위이다. 가뭄과 관련된 챵족(羌族) 청년의 이야기를 하나 더 살펴보자.

창족 청년이 산에 올라가 양을 치는데 나무 위의 까마귀가 곧 아홉 개의 태양이 나타나 초목을 태워버릴 거라고 하며 마을을 빨리 떠나라고 한다. 물론 남들에게 절대로 얘기해서는 안 된다고 경고한다. 하지만 마을로 돌아온 청년은 집집마다 찾아다니며 이 이야기를 전한다. 마을사람들은 피해 모두 살아났지만 비밀을 발설한 청년은 하얀 돌로 변했다.

여기서 아홉 개의 태양으로 상징되는 거대한 자연의 신성은 까마귀라는 매개체를 통해 '말을 해서는 안 된다'는 금기를 알려온다. 주인공은 그 금기를 어기고 마을사람들을 구해내었으며, 그는 돌로 변했고 인간들은 돌로 변한 그들의 영웅을 숭배한다. 금기를 범하는 그의 심리에는 억압에서 벗어나 자유의지로 문지방을 넘어선다는 의미가 들어있다. 그러므로 돌로의 변신은 희생이면서 동시에 구원이다. 신의 금기는 이미 설정되어 있고 위반의 대가 역시 제시되어 있지만 주인공의 선택은 유일하다. 자신의 영역에 침범하는 것을 허용하는 대신 신은 희생물을 요구하고, 주인공은 돌로 변할 것임을 알면서도 경계를 넘어선다. 자발적인 희생을 통해 주인공은 억압의 문지방을 넘고 구원되는 것이다.

심리적 관점에서 보면 금기라는 것은 일종의 억압된 충동이다. 무엇인가를 '하지 말라'는 것은 '해보라'는 강렬한 유혹을 내포한다. 그것은 억압된 충동에서 벗어나라는 강한 유혹이다. 그리하여 금기를 어기는 위반에 관한 이야기에는 도덕적 금기 혹은 사회적 억압에서 벗어나고자 하는 인간의 욕망이 투사되어 있다고 볼 수 있다. 금지된 타부에 대한 '성스러운 두려움'[32]과 그것을 위반하고자 하는 욕망이라는 서로 상반된 태도는 양가성을 지닌다. '임금님의 귀는 당나귀 귀'라는 것을 말해서는 안 된다는 금기 때문에 두려워하지만 결국에는 말하고야 마는 인간의 심리, 금기에 대한 위반에는 그러한 양가적 태도를 일시에 추방해버리는 힘이 있다.

　말하고 싶은 '충동'과 말해서는 안 된다는 '억압', 그 양가적 갈등 상태에서 주인공은 결국 말하게 된다. 주인공은 무의식 속에서 일어나는 위반의 충동 때문에 두려워한다. 그 두려움이 욕망을 능가할 때에는 조용히 금기를 따르게 되지만, 욕망이 두려움을 능가할 때에는 돌이 되어버릴지언정 금기를 깨어버리게 된다. 그것이 바로 감금 상태에서의 탈출이다. 프로이트는 "타부가 지닌 주술적 힘은 그것이 인간을 유혹하는 힘에 근거한다"[33]라고 하였다. 금기가 금기가 되는 이유는 그 속에 '양가성을 자극하고 금지를 위반하도록 유혹하는 속성'이 있기 때문이다. 죠르주 바따이유(Georges Bataille) 역시 인간이 끊임없이 금기를 위반하는 이유에 대해 금기가 공포감을 느끼게 하는 동시에 오히려 위반을 충동질하게 만들기 때문이라고 했다.[34] 금기에 복종한다는 것은 바로 인간이 자신의 욕망을 포기하는 것을 의미하며 그것은 자유에 대한 포기라고 볼 수 있다. 이야기 속의 주인공들은 자신의 의지에 따라 금기를 어긴다. 그것은 억압된 충동의 발산이며 또한 인간이 자유의지를 지닌 주체적 존재임을 밝히는 것이다.

'교만'과 '오만'

이처럼 신의 금기를 깨는 행위는 신들의 눈으로 보면 '교
만'이지만 인간의 눈으로 보면 '오만'한 용기이다. 금기의 의
미에 대해 폴 리쾨르는 다음과 같이 말한다.

> 금기에는 이미 그것을 어겼을 때 치러질 응보의 그림자
> 가 드리워져 있다. "이런 짓을 해서는 안 된다"가 무게를 갖
> 는 것은 "그렇지 않으면 죽으리라"는 것 때문이다. 타부란
> 다른 게 아니다. 금기에 들어있는 벌의 경고다. 금기의 위력
> 이란 죽음의 위력이다.[35]

그 두려움으로 인하여 금기를 준수하는 인간에게 신은 문
지방을 넘어서지 말 것을 권고한다. 파멸의 경고는 곧 화해의
약속을 의미한다. 신은 말한다. "돌아보지 말라, 나의 말을 듣
고 함부로 신들의 비밀을 누설하지 말라, 그러면 나는 너를 사
랑할 것이니." 신들의 질투와 사랑의 경계는 어디인가? 그것
은 인간의 '오만', 즉 '휘브리스(hybris)'에 달려있다. 성서에 나
오는 '교만'과 그리스인들이 말했던 '휘브리스'는 좀 다르다.
'오만'으로 번역되는 '휘브리스'는 신과의 계약이나 대화의 단
절이라기보다는 자기 한계를 넘어서는 인간에 대한 신들의 질

투를 내포하고 있다. 말하자면 신들이 정해놓은 금기를 자유의지로 어긴 인간의 행위는 '교만'이라기보다는 자기 한계를 넘어서려는 인간이 신에게 맞서는 '오만'한 행위라고 할 수 있는 것이다.

마을 공동체를 위한 희생, 개인의 아름다운 선택

홍수로부터 마을을 구하기 위해 스스로의 몸을 버린 영웅의 영혼은 살아 있다. 그 영혼은 돌이라는 또 다른 형태의 몸을 통해 그 성스러움을 내보인다. 장자(莊子)식으로 보자면 그 몸이 돌로 나타나든 물고기로 나타나든, 아니면 나무로 나타나든 중요한 것은 아니겠지만 변신 신화의 발생을 가능케 했던 세계관으로 바라볼 때 돌이라는 것은 또 다른 중요한 몸이다. 돌이 갖고 있는 상징성과 그것을 통해 드러나는 영웅들의 영혼에 관해 생각해볼 때, 그것은 영혼의 전이가 돌을 통해 드러난다고 믿었던 고대인들 사유방식의 표현이라고 볼 수 있다.

그래서 공동체를 위해 신의 금기를 범한 뒤 돌로 변한 인간에게, 인간이라는 유기체에서 돌이라는 무기체로 변한 것에 대한 슬픔 같은 것은 보이지 않는다. 돌은 자랑스러운 희생의 상징이다. 그것은 개인보다 집단을 앞세웠던 중국 사회의 사회문화적 맥락(context)을 보여 주는 것으로서 거기에는 공동체적 심리가 들어있다. "개인의 생명은 중요한 것이 아니다. 종족의 생명이 근본이다." 오랫동안 중국인의 사고를 지배해 온 이러한 생각이 돌로 변하는 영웅들의 이야기를 탄생시켰다. 마을 사람들을 위하여 스스로의 자유로운 의지에 의해 돌로 변하는 마을 영웅의 이야기는 사회구조와의 관련성을 생각하게 한다. 신화에서 우리가 읽어낼 수 있는 것은 상징과 이미지이지만 그것은 사회문화적 맥락에서 완전히 유리되어 있지 않다.

피그말리온 신화의 경우 돌이 인간으로 변한다. 한 개인의 깊은 사랑으로, 지극한 바람으로 인해 돌은 인간이 된다. 그러나 앞의 이야기들에서는 인간이 돌로 변한다. 마을 공동체를 위한 스스로의 변신, 그것은 확장된 사랑의 범위를 보여 주고 있다. 타자와의 관계에서, 타자에 의해, 타자를 위해 유기체의 몸을 벗고 무기물이 된다. 이것은 중국 신화에 등장하는 많은 신들이 개체로서의 사상이나 감정보다 종족의 이익을 위해 스스로를 희생하는 존재로 등장하는 것과도 관련이 있다. 인간이 돌로 변하는 이야기에서도 자신의 개인적 감정이나 애정 때문에 돌로 변한 경우는 망부석 전설 정도에 불과할 뿐, 대부분의 신화 속에서 영웅은 마을의 이익을 위해 돌로 변한다. 그것은 아마도 구두로 전승되는 과정에서 이야기를 전하는 사람과 듣는 사람 사이의 상호 텍스트화 과정을 거치면서 사회문화적 요소가 들어가지 않을 수 없었던 상황과도 관계가 있을 것이다. 마을 전체를 위해서는 개체의 이익 같은 것은 버릴 수도 있다는 관념이 자연스레 추가되었을 것인데, 어쩌면 이것은 고대부터 이미 존재했던 중국인들의 조상숭배의식이나 강렬한 종족의식으로 설명될 수 있을 것이다.

자신을 희생하여 공동체를 위하는 영웅의 이야기에는 비장미가 있지만 그 비장미는 그리스 신화에 보이는 비극성과 전혀 성격이 다르다. 돌로 변한 영웅에 관한 이야기가 개인의 '희생'이라는 비극적 모티프를 지니고 있으면서도 서구적 의미의 비극이 아니라고 생각되는 이유는 바로 중국 신화에 자주 보이는 적극적이고 낙천적인 세계관 때문이다. 나시족(納西族) 신화의 영웅 충언리런(崇恩利仁)은 많은 고난을 거치며 불사약과 재생의 샘물을 가지고 돌아오게 되는데, 돌아오는 도중 그만 잘못하여 산에 쏟게 된다. 그것을 쏟는 바람에 인간은 불사할 수 없게 되었지만 그 대신 자연만물이 영생하게 되었다는 것이다.

　이 이야기는 인간과 자연을 바라보는 그들의 시각이 『길가메시 서사시』의 그것과는 근본적으로 다르다는 것을 알게 해준다. 인간만이 불사약을 누릴 수 있는 것이 아니라 나무나 돌 같은 자연물도 함께 누릴 수 있는 것으로 여겼다는 점에서 인간 중심주의에서 벗어난 시각이 반영되어 있다. 이런 낙천적이고 긍정적인 세계관을 갖고 있는 사람들에게 돌로 변한 영웅의 신화는 당연히 비극적일 수가 없다. 주인공의 금기에 대한 위반과 변신이 개인을 위해서가 아니라 마을 공동체를 위해서 일어난다는 점 그리고 그 변신이 집단을 위한 개인의 자발적 선택에 의해 이루어진다는 점, 금기에 대한 신의 징벌이 그리스 신화에서와 같이 잔혹하거나 비극적은 아니라는 점이 바로 이 유형에 속하는 이야기들의 특색이라고 할 수 있다.

하지만 이러한 신화를 읽어낼 때 존재하는 해석의 위험성에 대해서도 언급하고 넘어가지 않을 수 없다. 돌로 변한 영웅의 신화 역시 해석하는 각도에 따라 국가와 민족을 위한 신화로 전락할 위험성이 얼마든지 있기 때문이다. 개인에 앞서는 공동체의 이익을 위해서라면 개인의 생명 '따위'는 얼마든지 버려도 좋다는 시각에서 이 신화를 읽어낸다면 그것은 지극히 국가주의적이고 파시스트적인 신화로 전락할 수 있다. 그러나 이 신화를 피그말리온 신화와 반대되는 '관계성'의 시각에서 바라본다면 개인의 신화로 읽을 수 있다. 공동체의 이익을 위해 스스로의 목숨을 버리고 돌이 되는 것은 개인의 아름다운 선택이다. 국가나 부족의 구성원은 그 신화 속에서 개인에게 아무런 강요도 하지 않는다. 스스로의 선택으로 아름다운 돌이 되어버린, 신 앞에서 '오만'했던 인간들의 신화를, 그리고 신에 대한 아름다운 반역을 국가주의적 신화관의 시각으로 바라보고 해석하는 것은 위험하다. 돌로 변한다는 것은 일종의 상징적 죽음으로서 다른 사람을 구원하는 과정을 거쳐 개인의 성숙이 완성된다. 타자를 위한 죽음을 통해 한 개인은 영웅적 모험의 과정을 완성하고 일종의 개인적 통과의례를 마치는 것이다. 금기를 위반하느냐 마느냐 하는 것은 문지방을 넘을 것인가 말 것인가 하는 선택이다. 자신의 희생을 통해 타자를 구원하면서 그 문지방을 넘어서는 순간, 한 개인은 돌로 변하지만 돌로 변한 개인은 영원한 생명을 획득하게 된다. 문지방을 넘어선 인간, 신의 영역으로 들어선 인간에게 신은 돌로 변하는 징벌을 내리지만 타자를 구원하며 문턱을 넘어선 인간은 성숙한 인간으로서 영원한 생명을 얻는 것이다. 그래서 돌은 징벌이며 동시에 구원이다.

여신들의 ^{변신}

여신들의 변신

마을을 구하기 위하여 돌로 변하는 비한족 신화의 영웅들이 주로 남성이었던 것에 비하여 중국의 문헌신화에는 여성들이 변신하는 경우가 상당히 많다. 그리고 그 변신은 주로 이루지 못한 소망 때문이다. 신화가 구두로 전승되어 오다가 문자로 기록되는 것이 보편적 현상이라면 문헌신화에는 신화가 기록된 시기의 사회적 컨텍스트가 반영되어 있기 마련이다. 이루지 못한 소망 때문에 변신하는 여신들의 이야기가 많다는 것은 그만큼 봉건사회에서 여성에 대한 억압이 강했다고 볼수 있을 것이다.

『산해경』에서 여신의 변신과 관련지어 우선 눈에 띄는 대목은 여와의 장(腸)이 변하여 열 명의 신(神)으로 변했다는 기록이다. 여기에서 여와는 위대한 창조신으로서의 신격을 간직하고 있는 것으로 보인다. 그러나 이 밖의 다른 신화들에서 위대했던 여신들의 면모를 찾아내는 것은 어려운 일이다. 앞에서 이미 언급했듯이 태양을 낳은 여신 희화나 달을 낳은 상희 역시 제준의 아내로 나타날 뿐이다. 가녀린 새 정위조로 변하여 불굴의 의지로 동해를 메우고 있는 여신 여왜가 보여 주는 열정이나 분노 역시 이루지 못한 소망의 발현이다. 『산해경』에 등장하는 염제의 또 다른 딸은 젊은 나이에 요절하여 요초(瑤草)라는 풀로 변한다. 죽어서 사람을 미혹시키는 풀로 변한 여신은 남에게 사랑받고 싶은 여인의 수동적 욕망을 상징한다. 그런가하면 구사지야(嘔絲之野)의 여인은 들판에 웅크리고 앉아 누에처럼 실을 토해내고 있다. 농경사회에서 여인에게 요구되던 중요한 직분이었던 옷감 짜기와 관련된 여신의 모습 역시 적극적이고 창조적인 여신의 모습과는 거리가 멀어 보인다.

『산해경』이 기록된 시기의 사회적 관념이 들어가 있을 것이라고 여겨지는 이 신화들 속에서 고대 중국인들이 여성에게 요구했던 가치가 어떤 것이었는가를 엿볼 수 있다. 곰으로 변해 산을 뚫는 작업을 하던 남편 우(禹)의 모습을 본 도산씨(塗山氏)가 돌로 변하게 되는 신화나, 남편 몰래 불사약을 먹고 두꺼비로 변해버린 항아의 신화에는 그러한 사회적 요구가 더

욱 극명하게 드러나고 있다. 우리에게도 익숙한 망부석(望夫
石) 전설 역시 마찬가지이다. 여기에서는 여신들의 변신에 관
한 몇 가지 흥미로운 이야기들을 소개하기로 한다.

요초로 변한 염제의 딸, 사랑 받고 싶은 욕구

　　"염제의 딸이 요초로 변하였다. 잎이 서로 겹쳐나고 노란
　　꽃이 피는 그 풀의 열매를 먹으면 남에게 사랑받는다."

『산해경』, 「중산경(中山經)」에 보이는 내용이다. 요초를 먹
으면 '남에게 사랑받는다'라는 대목은 젊은 나이에 죽은 그녀
에게 가장 중요했던 것이 바로 '사랑받고 싶은 욕구'였음을
알 수 있다. 요초로 변한 그녀는 요희(瑤姬)라고도 불리는데,
요희는 무산신녀(巫山神女) 전설에도 등장한다. 꽃다운 나이
에 죽은 요희를 가엾게 여긴 천제가 요희를 무산으로 보내어
무산의 신녀가 되게 했다는 것인데, 무산신녀는 새벽녘의 구
름이나 저녁 무렵의 비가 되어 무산을 떠돌아다녔다. 초(楚)나
라 회왕(懷王)이 무산 근처를 지나다가 고당(高塘)이라는 누각
에서 잠이 들었는데 아름다운 무산의 신녀가 회왕의 꿈속에
찾아와 사랑을 고백했다. 꿈속에서 무산의 신녀와 '운우지정
(雲雨之情)'을 나누다가 잠에서 깨어난 회왕, 꿈인 듯 생시인
듯 아련하게 떠오르는 아름다운 무산의 신녀를 위해 '아침구
름(朝雲)'이라는 이름의 사당을 고당 근처에 짓게 했다고 한

다. 이 이야기 속에서 구름과 비로 변해 자신을 사랑해줄 남자를 애처롭게 찾아다니는 무산신녀의 모습은 '먹으면 남에게 사랑받을 수 있는' 요초의 이미지와 그리 멀리 떨어져 있지 않다.

신의 영역을 본 것에 대한 징벌, 도산씨의 변신

홍수를 다스렸던 신화 속의 제왕 우는 강물이 흘러갈 물길을 터주느라 환원산(轘轅山)을 뚫게 된다. 산을 뚫는 것이 보통 힘든 공사였겠는가, 우는 산을 뚫기 위해 곰으로 변신한다. 북을 치면 밥을 가져오라고 아내에게 부탁했던 우, 무심결에 떨어뜨린 돌이 북을 치게 되고 우가 알지 못하는 사이에 아내 도산씨가 밥을 들고 환원산으로 오게 된다. 곰으로 변한 남편의 모습을 보게 된 아내 도산씨는 겁에 질려 도망치게 되고, 남편은 뒤쫓아 오면서 다급하게 변명한다. 하지만 둘 사이의 거리가 좁혀지자 도산씨는 돌로 변하고 만다. 아폴론에게 쫓기던 다프네가 월계수로 변하는 장면을 연상시키는 이 신화는 변신의 동기에 있어서는 '위험에서의 회피'라는 동일한 특성을 지니지만 그 기본 성격은 다르다.

우가 곰으로 변했다는 것은 신의 영역이다. 여기서 말하는 신의 영역이란 봉건 가부장제 사회에서 남성의 영역, 가장의 영역을 의미하기도 한다. 금기가 된 신의 영역을 넘보았다는 것에는 징벌이 따르게 마련이고 도산씨는 돌로 변하게 된다.

물론 또 다른 측면에서 도산씨의 변신을 해석할 수도 있는데 그것은 바로 거대한 공포 때문이라는 것이다. 메두사를 본 인간들이 돌로 변해버리는 것이 극심한 공포 때문이었다면, 곰으로 변한 남편의 모습을 본 도산씨가 느낀 공포 역시 그에 버금갈 수도 있다는 것이다.

한편 돌로 변한 도산씨의 몸에서는 우의 아들인 계(啓)가 나온다. "내 아들을 돌려 달라!"는 우의 외침에 돌로 변한 도산씨의 몸이 갈라지면서 계가 나왔다. 해석하기 힘든 상징성으로 가득 찬 이 신화를 대부분의 학자들은 모계사회에서 부계사회로 넘어가는 과도기의 모습을 보여 주고 있다고 말한다. 아내에게서 아들을 찾아온다는 것이 바로 모계사회의 해체과정을 의미한다는 것이다. 그런가 하면 어머니의 몸이 갈라지면서 아들이 나왔다는 것은 일종의 '어머니 살해'로서 농경사회의 풍요와 관련이 있다고 해석하기도 한다. 그러나 필자의 생각으로는 돌로 변한 어머니의 몸에서 아이가 나왔다는 이 신화는 돌이 갖고 있는 생육(生育)의 기능과 관련이 있다고 여겨진다. 중국에는 전통적으로 고매석(高禖石)이나 기자석(祈子石) 신앙이 있다. 돌에게 아이를 낳게 해달라고 비는 것은 돌이 대지의 생명을 의미한다는 관념에서 나온 것이다. 돌이 깨지면서 아이가 나온다는 것은 알의 껍질을 깨고 새로운 생명이 탄생하는 것의 유비(類比)이다. 돌로 변한 도산씨의 몸에서 계가 나온 것은 바로 그러한, 돌을 대지의 생명으로 보는 중국 사람들의 전통적 관념에서 나온 신화로 보아야 한다.

배신에 대한 징벌, 항아(嫦娥)의 변신

항아는 천신 예의 아내이다. 하늘에 열 개의 태양이 동시에 나타나 지상의 인간들이 고통에 빠져 있을 때, 천신 예는 지상으로 내려와 열 개의 태양을 향해 화살을 날려 아홉 개의 태양을 제거해버린다. 아홉 개의 태양이 사라진 뒤, 예는 인간들의 영웅이 되었지만 항아는 그 열광에서 소외되어 있었다. 예가 천제의 아들들인 아홉 개의 태양을 쏘아 떨어뜨린 것으로 인해 천제의 노여움을 사 하늘로 돌아가지 못하게 되자, 항아역시 남편과 함께 지상에서 늙어가야 하는 처지가 되었다. 물론 남편 예가 서방 곤륜산(昆侖山)으로 서왕모(西王母)를 찾아가 불사약을 구해와 영원히 살 수는 있었지만, 남편 때문에 하늘로 돌아갈 수 없게 된 항아는 그저 영원히 사는 것만으로는 만족할 수 없었다. 마침 유황(有黃)이라는 점쟁이도 거북껍

달로 도망친 항아─항아분월.

질과 마른 시초(蓍草)로 점을 쳐본 뒤 '운명은 정해져 있는 것, 두려워 말고 약을 먹으라'고 그녀를 부추긴다. 결국 항아는 예가 구해온 불사약을 혼자 삼키고 하늘나라 궁전을 향해 날아간다. 그러나 남편을 버리고 혼자서만 왔다는 천제의 질책이 두려웠던 그녀는 하늘로 날아오르다가 마침 둥글게 떠있던 달을 보게 된다. 결국 항아는 월궁(月宮)으로 도망치게 되고, 그 후 흉한 두꺼비로 변해버린다.

이 이야기는 한(漢)나라 때의 문헌에 기록되어 있다. 한대(漢代)라는 시대가 어떤 시대인가. 무제(武帝) 이후 유가(儒家)가 통치 이데올로기로 채택된 후, 여성이 지켜야 할 덕목에 대해 조목조목 규정짓기 시작했던 시기가 아니던가. 전국시대 문헌에도 이미 여성은 남성에게 종속되어 있는 존재라는 기록이 보이거니와, 한대에 이르면 그것은 더욱 공고화된다. 『열녀전(列女傳)』이라는 책이 유향(劉向)에 의해 편찬된 것도 결코 여러 훌륭한 여성들의 이야기를 전하기 위한 것이 아니라, 황제가 좋은 여자를 가까이 하고 요사스런 여자를 멀리 해야 한다는 것을 깨우치게 하려 했던 것이었음은 이미 잘 알려진 바이다. 위대한 창조신 여와도 복희라는 남신(男神)의 배우자가 되어 뱀 모양의 꼬리를 꼬고 있는 형태로 등장했던 시기였다. 항아가 남편을 배신하고 혼자서 불사약을 먹은 행위는 용납될 수 없었다. 그래서 기록자들은 항아를 흉한 두꺼비로 변하게 했다. 한나라 때의 무덤에서 발견된 비단그림(帛畫)들을 보면 달 속에 두꺼비가 들어있는 도상이 눈에 띄는데, 그 시절에 이미 이러한 신화가 광범위하게 전승되고 있었음을 보여준다. 달 속에 들어있는 두꺼비가 과연 어떤 성격을 갖고 있는 것인가에 대해서는 많은 논의가 있어왔다. 두꺼비가 수성(水性)을 상징하는 것이며 음(陰), 즉 여성성을 상징한다는 것에 대해서는 이미 신화의 상징체계에서 많이 논의된 바 있다. 본래 물과 여성성을 상징하던 달 속의 두꺼비를 항아의 변신과 관련지은 것에는 아무래도 당시 기록자들의 특정한 의도가 개입되어 있다는 혐의를 지울 수 없다.

한편 당(唐)나라 때가 되면 시인들의 작품 속에서 항아는 아름다운 천상의 선녀의 모습을 회복한다. 당나라 때의 시인들이 항아의 처지를 동정하며 그녀를 월궁에 사는 미인으로 복권시켜준 것이다. 푸르고 어두운 하늘, 아무도 없는 텅 빈 월궁에서 눈물을 흘리며 날마다 짙푸른 어둠만을 바라보고 사는 항아는 이미 충분히 징벌을 받고 있다고 생각한 걸까. 아니면 여성에 대한 억압이 그리 강하지 않았던 당(唐)이라는 사회의 개방적이고 열린 분위기 때문이었을까, 항아는 시 속에서 처연한 아름다움을 지닌 선녀의 모습으로 등장하게 된다.

다시 찾은 정체성—선녀의 날개옷

선녀의 '날개옷' 혹은 '깃털옷'이라는 모티프는 아시아에서 매우 광범위한 지역에 전승되고 있는 이야기이다. 중국의 경

우도 예외는 아니어서 한족(漢族)을 비롯한 여러 민족들 사이
에 비슷한 이야기들이 전해지고 있다.

　　옛날 예장(豫章) 신유현(新喩縣)에 어떤 남자가 살았는
　　데 밭에서 예닐곱 명의 여자들이 깃털옷을 입고 있는 것을
　　보았다. 그는 그녀들이 새인 것은 몰랐다. 그는 땅위에 엎드
　　려 몰래 기어가 한 여자가 벗어 놓은 옷을 감췄다. 그런 뒤
　　에 새들에게 접근하니 그 새들은 모두 날아가 버리고 한 마
　　리 새만이 날아가지 못하고 남았다. 남자는 그녀를 아내로
　　취하여 딸을 셋 낳았다. 나중에 그녀는 딸을 시켜 아버지에
　　게 물어보게 하여 자신의 깃털옷이 볏단 밑에 숨겨져 있는
　　것을 알아내곤, 그것을 찾아내어 입고서 날아가 버렸다. 그
　　녀는 나중에 다시 와서 세 딸을 데리고 함께 날아갔다.

위진시대의 소설집인 『수신기(搜神記)』에 기록된 이야기이
다. 깃털옷을 벗으면 여인으로 변하고 다시 입으면 새로 변하
는 여신에 관한 이야기는 비한족들의 신화에 자주 보인다. 만
족(滿族) 신화에 등장하는 별의 여신 워라뭐마마(臥拉多媽媽)
는 사람의 몸에 새의 날개를 가진 신인데, 하얀 깃털옷을 입었
고 등에는 별이 가득 찬 주머니를 메고 있다. 멍꾸족(蒙古族)
신화에서는 본래 하늘에 사는 천녀(天女)인 세 마리 백조가
아름다운 여인으로 변한다. 화리타이(豁里台)가 그 중 한 아가
씨의 날개옷을 훔쳐 아내로 삼았고, 그녀는 11명의 아이를 낳

았다. 그러던 어느 날 그녀는 자신의 날개옷을 찾아 입고 하늘로 날아가 버렸다. 몽고사람들은 자신들이 그녀의 후손이라고 여겨 지금도 백조를 민족의 보호신으로 생각한다. 한편 카자흐족에게도 이것과 비슷한 구조의 신화가 전승되고 있다.

이 이야기들 속에서 '깃털옷' 혹은 '날개옷'은 여성의 정체성을 상징한다. 이야기 속의 주인공들은 결코 자발적 의지가 아니라 수동적으로, '날개옷'을 도둑맞은 뒤 인간의 남자와 결혼하게 된다. '깃털옷'을 매개로 하여 그것을 벗으면 인간의 여성이 되어 남성의 배우자로서 아이를 낳고 지상에서의 삶을 영위하지만 그것을 입으면 여신으로서의 신분을 회복하여 다시 하늘로 날아간다. '깃털옷'은 여성에게 있어 지상과 천상을 오가게 하는 매개체이다. 그것은 상승과 초월의 상징이기도 하다. '깃털옷'을 통해 여성은 남성에 의해 빼앗겼던 자신의 정체성을 되찾고 하늘로 날아가는 자유로움을 회복한다. 이러한 깃털옷은 리족(黎族)의 깐꽁새[甘工鳥] 이야기 속에서 '날개'로 나타난다.

오지산(五指山) 칠지령(七指嶺) 기슭에 아깐[阿甘]이라는 소녀가 살았는데 무늬를 넣어 옷감을 잘 짰다. 그런데 부모가 아깐을 억지로 시집보내려 하였고, 그녀가 싫다고 하자 부모는 그녀를 돼지우리에 가두었다. 아깐이 밤에 꿈을 꾸었는데 꿈속에 선인(仙人)이 나타나 이렇게 말하였다. "네가 걸고 있는 목걸이를 절구에 넣고 찧으면 날개 한 쌍으로 변할 것이다. 그것을 달면 돼지우리에서 날아오를 수 있을 게야." 아깐은 여동생의 도움으로 목걸이를 절구에 넣고 찧었다. 그랬더니 그것이 정말 날개가 되었다. 아깐은 그것을 몸에 달고 작은 새로 변해 '깐꿍! 깐꿍!'하고 울며 하늘로 날아갔다고 한다.

이 이야기 속에서 그녀를 울타리 안에 가두는 것은 남편이 아니라 부모이다. 남성 중심의 세계관이 확립된 사회에서 여성이 부모와 남편의 울타리를 넘는다는 것은 현실적으로 불가능한 일이었고, 그것은 다만 '깃털옷'이나 '날개'라는 상상의 산물을 통해서만 가능했다. '목걸이'는 그녀를 얽어매는 현실, 인위적 사회제도의 상징으로 보인다. 그것을 빻아 '날개'를 만들어 몸에 달고서야 그녀는 현실에서 벗어난다. 깐꿍새의 '날개'는 선녀의 '깃털옷'의 또 다른 변형이다.

현실세계에서 불가능한 탈출을 여인들은 상상의 '깃털옷'을 통해 꿈꾼다. 상상력은 인간에게 무한한 가능성을 부여하며 그 속에서 인간은 변신을 통해 일탈과 모반을 꿈꾼다. 상상력의 세계를 통해 나타난 '깃털옷', 우리는 거기에서 '자유'라는 이미지를 읽어낸다.

망부석과 망부운(望夫雲) - 정적(靜的) 사랑, 동적(動的) 사랑

"어떤 남자가 멀리 전쟁터로 나가게 되었다. 아무리 기다

려도 남편이 돌아오지 않자 아내는 산에 올라가 남편을 기
다리다가 돌이 되었다."

기다림에 지쳐 돌이 된 박제상 아내의 이야기는 우리가 어
려서부터 들어온 낯익은 전설이다. 남편을 기다리다 지쳐서
마침내는 돌이 된 여인에 관한 이야기는 은연중에 여성들에게
'기다림'이 미덕임을 가르쳐 왔다. 망부석은 아름다운 부덕(婦
德)의 상징이었고, 그것은 지금도 별반 달라지지 않고 있다.

"무창(武昌) 양신현(陽新縣) 북산(北山) 위에 망부석이
있는데 사람처럼 서 있다. 옛날 그곳에 살던 여인의 남편이
전쟁터로 멀리 떠나가게 되었다. 그녀는 어린 아들을 데리
고 이 산에 전송하러 나왔다가 남편을 기다리며 선 채로 그
대로 돌이 되었다고 한다."

"옛날 어떤 사람이 초(楚)나라로 가서 몇 년이 지나도 돌
아오지 않자 그 아내가 이 산에 올라가 남편을 기다리다 돌
이 되었다."

망부석이 갖고 있는 이미지는 기다림과 희생이다. 그것은
사랑하는 남자를 통해 자신의 정체성이 확립된다고 여겼던 전
통사회 여성들의 일반적 관념이었다. 중국에서나 우리 나라에
서나 망부석 전설은 여성의 '수동적' 기다림을 보여 준다. 사

랑하는 사람을 기다리다가 그가 죽은 줄 알고 실의에 빠져 죽어서 백일홍(百日紅)이 된 처녀처럼, 이루지 못한 소망을 가슴에 품고 죽은 그녀들은 붙박혀 있는 돌로 혹은 꽃으로 변한다. 사랑하는 이를 찾아 떠나지도 못한 채 그냥 그 자리에서 기다리다가 돌이나 꽃이 된 여인들의 사랑은 정적(靜的)인 사랑이다. 그것은 전통사회 여인들의 보편적인 사랑의 형태이다. 억압된 사랑에 가슴 아파 하다가 강물로 변해 흘러간 장족(藏族)의 공주[36]나 메아리로 변한 싸니족(撒尼族)의 아스마(阿詩瑪)[37] 이야기 역시 이러한 틀에서 벗어나지 않는다.

한편 똑같이 사랑하는 사람을 기다리다가 죽지만 붙박힌 돌이 아니라 움직여 다니는 구름으로 변하는 여인도 있다. 중국의 운남성(雲南省) 대리(大理), 이해(洱海) 지역에 전승되고 있는 망부운 이야기가 바로 그것이다.

옛날 어떤 가난한 남자가 신을 만나 도술을 배워 갑자기 날개가 달려 날아다닐 수 있게 되었다. 그가 남조궁(南詔宮)에 이르러 그곳의 여인(혹은 공주)을 데리고 창산(蒼山)의 옥국봉(玉局峯)으로 가 부부가 되었다. 그가 여인에게 불편한 것이 없느냐고 물으니 여인이 춥다고 했다. 그는 하동(河東)의 고승(高僧)에게 칠보가사(七寶袈裟)라는 좋은 옷이 있다는 말을 듣고 그것을 가지러 이해(洱海) 동쪽에 있는 절로 날아갔다. 그가 그 옷을 가지고 돌아오려 할 때 고승이 깨어나 법력으로 그를 제어하니 그는 그만 돌 노새가 되어 호수 밑에 가라앉았다. 아무리 기다려도 남편이 돌아오지 않자 여인은 슬퍼하다가 그만 죽고 말았는데, 그녀의 영혼은 구름으로 변하여 올라갔다 내려갔다 하며 호숫가를 돌아다녔다. 그 모습이 마치 돌로 변한 남편을 찾아다니는 것 같았다. 겨울이 되어 호수에 그 구름이 생겨나면 바람이 크게 불어 배들이 감히 앞으로 나아갈 수 없었다. 사람들은 그 구름을 '남편을 기다리는 구름(望夫雲)' 혹은 '배를 건너지 못하게 하는 구름(無渡雲)'이라고 불렀다.

이 이야기는 바이족(白族)이 많이 살고 있는 대리, 이해 지역에 전승되고 있다. 그 지역에 겨울이 되면 나타나는 구름이 있는데 그 구름이 나타나면 바람이 거칠게 불어 배들이 뜰 수 없게 된 것에 대한 유래를 말해주고 있는 이야기인 듯하다. 그러나 궁에 살고 있는 지체 높은 여인(공주)이 아내로, 신분이 낮은 가난한 남자가 남편으로 등장하고 그들을 제어하는 억압자로 고승이 등장하는 것으로 보아 매우 사회적인 의미를 지닌 이야기로 보인다. 하지만 이 이야기는 망부석 전설과는 그 성격이 다르다. 남편을 기다리다가 죽는다는 점에서는 같아 보이지만 그녀는 죽은 뒤에 돌이 되는 것이 아니라 구름으로 변한다. 구름이라는 것은 새와 마찬가지로 자유롭게 돌아다니는 존재이다. 이루지 못한 소망을 표현하기에 적합한 형태인 것이다. 구름으로 변한 여인은 돌이 되어 한자리에 붙박힌 여인과 달리 이리저리 남편을 찾아다닌다. 일설에 의하면 돌 노

새가 되어 호수 밑에 가라앉은 남편을 찾기 위해 그렇게 호수를 뒤집어놓을 듯한 바람을 불게 한다는 것이다.

여인이 죽어 구름이 된다는 모티프는 앞에서 언급한 요초나 무산신녀 이야기와 비슷해 보인다. 그래서 위앤커(袁珂)는 이 이야기가 고대에 초(楚) 땅에 전승되던 무산신녀 신화가 운남성 대리 지역으로 전해져 망부운 신화가 된 것이라고 설명하고 있다.[38] 그러나 단지 여인이 죽어 구름으로 변했다는 모티프의 유사성만 갖고는 초땅의 신화가 운남성 지역으로 전해진 것이라고 말할 수 없다. 무엇보다 망부운 전설의 여주인공은 소극적 이미지로 등장하지 않기 때문이다. 망부운 전설의 여인은 남편을 기다리다가 붙박힌 채 그 자리에서 돌이나 꽃이 되는 여인, 먹으면 남들에게 사랑을 받게 되는 요초와는 전혀 다른 적극적 이미지를 지니고 있다. 돌로 변한 남편을 찾기 위해 거센 바람을 몰아치게 하여 호수를 뒤집어버리는 여성의 이미지는 망부석의 여인과 비교가 되지 않을 만큼 동적이고 적극적이기 때문이다.

이루지 못한 소망의 이야기들

나무와 새로 변한 연인들

그리스 신화에 보이는 이루지 못한 사랑의 이야기 중에서 대표적인 것이 퓌라모스와 티스베의 이야기이다. 우리가 잘 아는 『로미오와 줄리엣』의 저본인 듯이 보이는 이 신화에서 부모의 반대로 결혼하지 못한 두 남녀의 영혼은 뽕나무의 붉은 오디열매로 변하는데, 중국 신화에 등장하는 '상비의 대나무(湘妃竹)'[39)]는 그것과 같은 이미지를 나타낸다. 오디열매의 붉은 빛깔과 아황(娥皇)과 여영(女英)이 흘린 붉은 눈물은 사랑하는 이를 잃은 마음의 상처를 상징한다.

그리스 신화에는 또한 편도나무로 변한 트라키아의 공주

필리스 이야기가 나온다. 필리스는 테세우스의 아들 아카마스를 사랑하여 강가에서 애인의 귀환을 기다리다가 죽고 말았는데, 잎도 없이 꽃만 피어나는 편도나무로 변했다. 또한 태양신을 사랑하여 한없이 그를 바라보는 해바라기로 변한 클뤼티에의 이야기는 남편을 기다리다가 나뭇잎이 대나무잎처럼 되도록 한없이 가르며 앉아있던 맹강녀(孟姜女)의 자죽(刺竹) 이야기[40]를 떠올리게 한다.

이루지 못한 사랑의 주인공들은 거의가 식물로 변한다. 동물로 변하는 경우에도 거친 동물들이 아닌, 가녀린 새나 나비로 변한다. 새와 나비가 갖고 있는 상승과 초월, 자유로움이라는 기의(記意)를 생각해볼 때 고대인들이 그들을 새나 나비로 변하게 한 것은 당연한 일이다. 새와 나비를 제외하고, 대부분의 신화 속에서 그들은 나무나 풀 혹은 꽃으로 변한다. 아름다운 한 송이 꽃은 이루지 못하고 죽어간 사랑을 상징하기에는 가장 적절한 기표(記表)이며 잎도 없이 깨끗한 꽃만 피우는 나무는 한 남자를 기다리는 여인의 마음을 상징하기에 더없이 적절하다. 또한 이루지 못한 남녀의 가슴 아픈 사랑을 상징하는 오디열매의 붉은 빛깔과 상비죽의 붉은 색은 강한 색채로서 하나의 기표가 된다.

초중경(焦仲卿)과 유란지(劉蘭之)의 사랑 이야기는 한나라 때 「공작은 동남쪽으로 날아가고(孔雀東南飛)」에 기록된 이후, 2천 년 이상의 세월 동안 중국 사람들의 입에 오르내린 전설이다. 초중경이 사랑하던 여인 유란지와 결혼하였다. 시어머니의 구박에 시달리던 유란지는 친정으로 쫓겨나고, 다시 시집가라는 오빠의 권유에 저항하다가 물에 빠져 스스로 목숨을 끊었다. 그 소식을 들은 남편 초중경도 정원의 나무에 목을 매 자살하였다. 그들이 죽은 뒤, 두 집안은 두 사람을 화산(華山) 기슭에 합장하였다. 무덤 양쪽에 오동을 심었는데 나뭇가지가 서로 뒤엉켰다. 그리고 그 나뭇가지 사이에 쌍쌍이 날아다니는 새가 있었으니 이름하여 원앙이라, 서로 바라보며 울기를 매일, 한밤중까지 하였다. 이처럼 나뭇가지와 잎이 서로 뒤섞인 나무를 '가지가 붙은 나무(連理枝)' 혹은 '그리움의 나무(相思樹)'라 한다. '상사(相思)'가 무엇인가, 깊은 그리움, 사랑이 깊으면 그 사랑으로 죽을 수도 있는 것, 죽은 뒤에 그들은 그리움의 나무로 변한다. 그 나무에 깃든 두 마리 새는 때

연리지와 원앙.

로 날개가 하나씩이어서 늘 두 마리가 붙어 다녀야만 하늘을 날 수 있다. 그래서 '비익조(比翼鳥)'라 했다. 물 속에서 그들은 눈이 하나씩밖에 없는 물고기, '비목어(比目魚)'가 된다. 두 마리가 붙어 있어야만 헤엄칠

수 있다고 했던가. 흔히 알려져 있는 '외눈박이 물고기'가 바로 중국 신화에 등장하는 비목어이다.

대부분의 비한족 신화에도 등장하는 이 유형의 이야기에서 주인공은 이루지 못한 사랑의 한을 품고 죽어간 연인들이 대부분이다. 봉건 사회에서 이루지 못한 사랑의 이야기들이 그만큼 많았기 때문일까. 사랑하던 두 사람이 서로를 향한 간절한 그리움으로 뒤엉킨 나무가 되는 상사수 이야기는 그리스 신화의 헤르마프로디토스를 떠올리게 한다. 물론 헤르마프로디토스와 나무는 관련이 없다. 그를 사랑하여 한몸이 되고자 했던 요정 살마키스의 간절한 그리움, 그 그리움과 깊은 사랑으로 헤르마프로디토스와 살마키스는 결국 한몸이 되어 남성과 여성을 함께 갖춘 인간, 안드로규누스가 된다. 이 이야기는 보통 양성인의 신화적 의미를 분석할 때 인용되지만, 이 신화와 상사수 이야기는 같은 모티프가 다른 형태로 표현된 것에 불과하다는 느낌을 받게 된다.

한편 상징과 이미지라는 측면에서 생각해볼 때 아담의 갈비뼈로 만들어진 이브의 이야기 역시 상사수 이야기와 다를 바 없다고 여겨진다. 「창세기」에는 "그의 상대로 그에게 도움이 될 여자를 만들어 주었다"(「창세기」 2:15-25)라는 구절이 나오는데, 조철수는 이 대목에서 '상대'라는 말에 주의를 기울인다.[41] '상대'라는 단어는 히브리어로 '네게드'인데, 그 단어의 뜻은 '상대하다'라고 한다. '상대하는'이라는 낱말의 유래는 표의문자인 수메르어의 '소금(뿌린) 물고기'에서 파생한 것이라 하니, 이것은 물고기를 양쪽으로 갈라 소금 뿌려 저장한, '절인 물고기'를 가리킨다. 남편과 아내의 관계는 이렇게 양쪽으로 갈라 펴놓은 '소금절이 물고기'와 같은 것으로서, 고대 메소포타미아에서는 '상대하다'라는 단어가 바로 "둘은 원래 한몸이었으나 양쪽으로 갈라져 펴 있지만 한편으로는 꼭 붙어 있다"라고 한다. 이는 매우 흥미로운 해석이 아닐 수 없다. 서로 다른 곳에서 나왔지만 하나로 엉키는 상사수, 한몸이 된 헤르마프로디토스와 살마키스 그리고 소금절이 물고기와 비목어, 그것들은 간절한 사랑의 또 다른 이름일 뿐이다.

나비가 된 연인들

나비는 시대와 민족을 초월하여 자유로움과 불멸의 상징이다. 그리스에서도 영혼을 일컫는 단어인 '프시케(psyche)'는 원래 나비를 의미했다. 꽃처럼 아름답고 화려한 날개로 하늘과 땅 사이를 날아다니는 자유로움 그리고 단계적 성장을 통한 변신이라는 표상으로 나비는 세계 여러 민족의 신화와 문학작품 속에 등장하는데, 중국의 경우에도 예외는 아니다.

한빙(韓憑) 부부가 있었다. 서로 사랑하는 사이였지만 송(宋) 강왕(康王)이 한빙의 아내를 탐내면서 비극이 시작된다. 강왕은 한빙을 험한 공사장으로 몰아내고 한빙의 아내를 취하려 한다. 남편 한빙이 죽었다는 소식을 들은 아내, 강왕에게 유서를 남기고 투신한다. 남편과 함께 묻어달라는 내용에 분개한

강왕이 무덤을 따로 만들었지만, 무덤 위에 돋아난 나무들은 가지가 서로 엉킨 상사수가 되었고, 가지 위에서는 원앙 두 마리가 슬피 울었다. 다른 기록에 의하면 한빙의 아내가 죽기 전날, 강왕이 내려준 아름다운 비단옷을 약물에 담가 삭게 만들었다고 했다. 그 옷을 입고 강왕과 함께 청릉대(靑陵臺)에 올라 아래를 내려다볼 때, 한빙의 아내는 누각 아래로 투신했고, 옆에 있던 사람들이 그녀의 옷자락을 잡았지만 약물에 삭은 옷은 산산이 흩어져 버렸다고 한다. 뛰어내리는 그녀와 허공에서 흩어지는 옷 조각, 그 옷 조각들은 모두가 나비로 변해 날아오른다. 그 처연한 아름다움. 나비는 한빙 부부의 이루지 못한 꿈과 자유로운 영혼을 상징한다.

　중국에서 가장 유명한 전설 중의 하나인 양산백(梁山伯)과 축영대(祝英臺)의 이야기에도 나비가 등장한다. 부잣집 규수 축영대와 결혼하고자 했으나 가난한 집 출신이라는 이유로 축영대 아버지의 반대에 부닥치게 된 양산백은 실의에 빠져 죽고 만다. 아버지의 압박에 견디지 못한 그녀가 마음에도 없는 재벌집 아들에게 시집가는 날, 그녀는 사랑하는 이의 무덤 속으로 들어간다. 열려진 무덤이 다시 닫히는 순간 양산백의 무덤에서는 크고 아름다운 나비 두 마리가 날아오른다. 두 사람의 가슴 아픈 사랑 이야기를 전해들은 사람들은 이렇게 노래했다.

　　무덤이 열리면서 맑은 바람이 되었네.
　　축영대는 바람 따라 무덤 속으로 들어갔지.

나비로 변하여 쌍쌍이 하늘로 올라가
두 사람은 별이 되고 달이 되었네.

중국 남방의 바이족(白族)에게도 비슷한 이야기가 전승되고 있다.

무저담(無底潭)이라는 연못 옆 양피촌(羊皮村)에 아화(阿花)라는 소녀가 살았다. 그녀는 마을 소년 아룡(阿龍)과 좋아하는 사이였다. 아화는 아룡에게 나비가 수놓아진 수건을 주었다. 어느 날 아화를 좋아하던 마을 우두머리가 아화를 납치해 갔다. 아룡이 그녀를 구해 도망쳤는데 병사들이 추격해 왔다. 진퇴양난에 빠진 연인은 무저담으로 뛰어들었다. 아룡과 아화는 아름다운 나비로 변해 연못에서 날아올랐다. 그리고 수많은 나비들이 계속해서 연못에서 나와 춤을 추었으니 사람들이 그 연못을 '나비의 연못(蝴蝶泉)'이라고 불렀다.

사랑하는 이를 위해 흘린 여인의 눈물도 이야기 속에서는 나비로 변한다.

전쟁이 일어나 따이족(傣族) 사람들 거의가 죽고 공주 일곱 명이 겨우 도망쳐 숲속에 숨었다. 어느 날 화꼬우족(花狗族) 일곱 왕자를 만나 결혼하여 행복하게 살았다. 그러나 화

꼬우족 왕은 자기 부족이 다른 부족과 결혼하는 것을 금지
했던 터, 어느 날 화꼬우족 왕자들은 왕이 보낸 병사들과 마
주치게 되었고, 힘이 부족했던 화꼬우족 왕자들은 모두 죽
었다. 일곱 공주는 왕자들이 돌아오기를 기다리다가 강가의
피에 젖은 길을 따라가다가 왕자들의 시체를 보게 되었다.
일곱 공주는 그곳에서 밤새 울었고, 아침이 되자 모두들 사
라졌다. 그 후 피에 젖은 그 길은 꽃길로 변했고 그 위에 수
많은 나비들이 나타나 춤을 추었는데, 그것은 바로 일곱 공
주의 눈물이 변한 것이라고 한다.

이 이야기들은 한빙의 아내 이야기나 양산백과 축영대의
이야기처럼 사회적 맥락에서 읽힐 수 있다. 봉건 사회에서 권
력을 가진 자와 그것에 의해 희생당하는 자의 갈등 그리고 그
것을 초월하고자 하는 심리가 나비로 나타나는 것이다. 한빙
의 아내 이야기에 나오는 송 강왕은 양축 전설에 나오는 축영
대의 아버지이며 무저담 전설에 나오는 마을의 우두머리이다.
또한 일곱 왕자의 아버지인 화꼬우족 왕이다. 그들은 모두 권
력을 갖고 있는 자들이며 그들이 상징하는 것은 바로 심리적
억압이다. 억압에서 벗어나고자 하는 자, 금지된 규제에서 벗
어나고자 하는 자, 항상 그들을 통제하는 사회 규율과 거대한
윤리적 힘에 의해 희생당하기 마련이다. 자유의 대가는 항상
희생이었다. 거대한 억압에서 벗어나려는 그들의 자유의지는
대부분의 경우 죽음으로 끝나게 마련이다. 아화와 아롱은 죽

음으로 그 억압에 대항하며, 일곱 왕자 역시 금지된 규제에 대항하다가 죽음을 맞게 된다.

그러나 중국인의 사유방식 속에서 죽음은 항상 끝이 아니었다. 사랑하는 사람의 핏방울은 꽃으로 변하고, 그를 위해 흘린 여인의 눈물은 나비로 변한다. 순환적 시간 관념과 영혼불멸의 사고를 가졌던 그들의 전통 속에서 불꽃은 또 다른 땔나무를 옮겨가 계속 타오른다. 그리고 영혼은 또 다른 몸을 빌어 생명을 이어가는 것이다. 무저담의 연못에서 날아오른 나비와 한빙 아내의 옷에서 날아오른 나비 그리고 일곱 공주의 눈물에서 날아오른 나비는 그 화려한 생명의 상징이다. 억압을 초월하여 날아오르는 나비들은 불멸과 자유로움의 상징이면서 동시에 심리적 초월을 의미한다.

새로 변한 핍박받은 영혼들

옛날, 재상 윤길보(尹吉甫)가 후처의 참언을 믿고 아들 백기(伯奇)를 죽였다. 나중에서야 후회한 윤길보는 백기를 그리워하며 마음 아파했다. 어느 날 그가 사냥터에 나갔을 때 이상한 새 한 마리가 뽕나무 위에서 울고 있었다. 길보가 '너 혹시 내 아들 백기가 아니냐'라고 물었고 새는 간절하게 날개를 푸드덕거렸다. 길보가 말했다. '내 아들이거든 내 수레에 깃들고, 아니거든 떠나거라.' 새는 길보의 수레 덮개 위에 날아와 앉았고, 길보는 새를 데리고 집으로 돌아왔다.

그리고 후처에게 활을 가져오게 하고 그 활로 후처를 쏘아 죽여 아들의 복수를 했다.

계모의 전처 자식에 대한 구박, 그로 인해 죽은 전처 자식의 변신, 계모 혹은 계모 자식에 대한 응징 등은 우리 나라 고소설에도 자주 나타나는 익숙한 모티프이다. 백기의 변신이 일회적인 것에 비해 우리 나라 고소설에 등장하는 변신은 일회적이 아닌 것이 특징이다. 콩쥐팥쥐 유형이라고 부를 수 있는 이러한 이야기들은 거의 모든 비한족 신화에도 등장하는데, 여기서는 시보족(錫伯族)에 전승되는 이야기를 소개하기로 한다.

어느 마을에 어머니를 잃은 딸이 있었다. 계모가 들어와 딸을 낳더니 전처 딸을 학대하였다. 소를 먹이러 나갔을 때 그녀를 불쌍히 여긴 검은 소가 도와줘 먹을 것이 생겼다. 계모는 검은 소를 죽였고, 검은 소는 전처 딸에게 자기가 죽어 묻힌 뒤 땅을 파보면 옷과 신발이 있을 것이라고 말한다. 전처 딸은 소가 일러준 대로 옷과 신발을 파내어 입고 마을 원외(員外)의 잔치에 갔다가 신발 한 짝을 흘리고 온다. 원외가 그것을 찾아 그녀를 아내로 맞으려 할 때, 계모는 전처 딸을 우물에 밀어 넣어 죽였다. 작은 새 한 마리가 날아와 '계모 마음 악하기도 하지', '가엾은 소녀, 억울하게 죽었네!'라는 노래를 부른다. 몇 차례의 변신을 거쳐 소녀는 악독한 계모를 쫓아내고 행복하게 살았다.

이 유형의 이야기들은 한빙 아내의 이야기나 양축 전설과는 또 다른 맥락에서 읽을 수 있는데, 그것은 이 유형의 이야기들에 공통적으로 들어있는 흥미로운 모티프, '잃어버린 신발 한 짝' 때문이다.

잃어버린 신발 한 짝, 신데렐라의 유리구두와 콩쥐의 꽃신
이윤기는『그리스로마 신화』에서 외짝신발에 대해 매우 재미있는 분석을 한 바 있다. 그는 달마대사의 이야기를 그리스 신화에 등장하는 이아손처럼 모노산달로스, 즉 '외짝신을 신은 사람' 계통에 속하는 이야기로 파악하고 있다. 또한 그는 신데렐라의 유리구두와 콩쥐의 꽃신, 달마대사의 외짝신 등을 모두 같은 모티프에 속하는 것으로 본다. 벗겨진 신발 한 짝에 자신의 온 존재가 담겨져 있다고 보는 것이다.[42] 이아손이 잃어버린 가죽신 한 짝이 고집스런 자아를 버린 것이라고 본다면, 달마대사가 남겨놓은 신발 한 짝, 중국의 신선 설화에 자주 등장하는 시해(尸解) 신선들이 남겨놓은 신발들은 모두 같은 의미를 지닌다. 우리 나라의 연오랑세오녀 전설에서도 연오랑은 신발을 벗은 채 바위를 타고 바다를 건너가는데, 그것에도 역시 '남겨진 신발'의 상징적 의미가 들어있다. '남겨진 신발'에는 통과의례적 의미가 들어있다. 신발을 벗는다는 것은 지금까지의 자아를 버린다는 것과 지금까지 자신이 몸담고 있던 세상에서 벗어나 다른 세계, 다른 나를 찾아가는 것을 의미한다. 그러므로 '남겨진 신발'은 그때까지 자신이 갇혀있던

세계에 다름 아니다. 신발을 벗어놓고 떠나면 새로운 세계의 중심이 열리는 것이다. 그러나 콩쥐와 신데렐라의 신발은 그 의미가 좀 다르다.

그것은 스스로의 선택에 의해 '남겨놓은' 신발 한 짝이 아니다. 자신의 의지와 상관없이 '잃어버린' 신발 한 짝인 것이다. 콩쥐와 신데렐라는 신발 한 짝을 '남겨놓고' 스스로 다른 세계의 문턱을 넘어가는 것이 아니라 그 잃어버린 신발 한 짝을 다시 찾아 신는다. 그들이 잃어버린 신발 한 짝은 지금까지의 자아를 버리는 것과는 의미가 다르다. 지금까지의 자아를 버리고 새롭게 주체적으로 자신의 정체성을 확보하는 그런 의미는 아닌 것이다. 오히려 그들은 그 신발 한 짝을 통해 남성 중심의 편안한 세계로 안주해 들어간다. 그것은 정체성의 확립이 아니다. 남성에 의해 만들어진 세계 속으로 편입해 들어가 남성에 의해서 확보되는 정체성은 신선들이 남겨놓고 떠나간 신발의 상징성과는 거리가 멀다. 같은 '남겨진 신발'에 관한 모티프라고 해도 그것은 시해신선이나 이아손의 신발 한 짝과는 의미가 다른 것이다.

위에 인용한 유형의 이야기들 속에서 여자들은 마을의 수재(秀才)라든가 원외 혹은 왕 등으로 상징되는 남성에 의지해 금신발이라든가 꽃신 등을 매개로 하여 자신의 정체성을 확립하는 수동적 여성으로 그려지고 있다. 여기에서 갈등을 일으키는 것은 주로 '아버지' 혹은 '남편'을 가운데에 둔 전처의 딸과 계모이다. 그리고 그 갈등 구조는 다시 '수재'나 '원외'

혹은 '왕'이라는 권력과 지위를 갖춘 남성을 사이에 둔 전처 딸과 계모의 딸 사이의 갈등으로 발전한다. 그러나 여기서 계모의 딸은 계모를 대신한 존재에 불과하다. 갈등은 여전히 전처 딸과 계모 사이에 일어난다. 두 여자는 한 남자를 쟁취하기 위한 경쟁을 벌인다. 그러나 희생당하는 것은 늘 전처의 딸이며 그녀는 죽어서 항상 새로 변한다. 새라는 형태는 죽은 자가 자신의 맺힌 한을 풀기에 적절한 형태이다. 변신은 또한 여기에서 그치지 않으며 여러 번의 다양한 변신을 거쳐 주인공은 다시 인간으로 돌아와 계모에게 복수하고 행복하게 살게 된다.

이러한 서사 구조는 우리 나라 고소설이나 중국 위진시대 이후의 소설에서 자주 등장하는데, 불교적인 인과응보 관념이나 권선징악의 개념, 윤회와 업보 등의 관념이 들어간 전설들로서 고대의 변신 신화와는 성격이 좀 다르다. 남자를 사이에 두고 두 여자가 갈등을 일으키게 되는데, 특히 그 남자라는 것이 권력과 지위를 갖춘 남성이며, 금신발이나 꽃신 등을 통해 남자에게 선택되고, 그 선택의 과정을 통해 '행복'을 찾게 된다는 패턴은 남성에 의해 '구원받는' 전통사회 여성의 운명을 여실히 보여 주고 있다. 그러므로 이 유형의 이야기들은 『산해경』에서 염제의 딸이 정위조로 변했다거나 한빙의 아내가 이루지 못한 사랑으로 인해 새나 나비로 변했다는 이야기와는 또 다른 맥락에서 읽혀져야 한다.

에필로그 — 불멸의 영혼, 필멸의 몸

필멸의 몸을 가진 인간의 꿈은 불멸에 있었다. 모든 것을 가졌던 고대 중국의 제왕들은 그들이 소유할 수 없었던 유일한 꿈, 불멸의 비밀을 찾아 헤맸다. 천하를 통일한 진시황, 위대한 제국을 만들었던 한 무제, 용감하고 지혜로웠던 당(唐) 태종(太宗), 누구보다 총명했던 그들도 어쩔 수 없었던 것이 바로 그 불멸에 대한 욕망이었다. 불멸의 영혼만으로 만족할 수 없었던 그들은 몸까지 불멸하기를 원했지만, 그들은 그것이 불가능한 꿈이었다는 것을 이미 알고 있지 않았을까, 그래서 더욱 더 집착했던 것이 아닐까.

불멸의 영혼과 필멸의 몸 사이의 관계가 수없이 많은 변신의 신화들을 만들어내었다. 영혼뿐 아니라 영혼의 집으로서의 몸도 중요한 것이었기 때문에 고대 중국인들은 죽은 뒤에도 몸을 중시했다. 그들은 자연과 인간이 하나의 층차에 있다는 고대인들의 사고방식을 그대로 가지고 있었다. 동물도 식물도 영혼을 갖고 있기 때문에 인간은 죽은 뒤에 동물로도 식물로도 심지어는 돌로도 변할 수 있었다. 자연을 인간의 정복의 대상으로 파악하는 서구의 기독교적 전통과는 달리, 고대 중국인들은 인간을 자연의 일부로 여겼다. 인간의 아름다운 이성에 대한 자각은 일찍이 주(周)나라 때부터 있어 왔지만, 그리고 유가와 도가의 시간관이나 자연관이 조금 다른 점이 있긴했지만, 시간을 직선적인 것이 아니라 순환적인 것으로 파악한 점, 세상 모든 것은 변할 뿐 사라지는 것은 없다는 관점, 자연을 정복의 대상이 아니라 순환적 고리의 일부로 보는 시각, 이러한 사유방식들이 중국인들의 사고 기저에 자리하고 있었다. 그리고 그러한 것이 바로 변신 신화가 발생하고 전승될 수 있는 기제가 되었다.

과학이 눈부시게 발달한 현대, 필멸의 인간은 여전히 불멸의 꿈을 꾼다. 인간 게놈의 비밀이 밝혀지면서 필멸의 인간은 불멸에 좀더 다가갔다고 하던가. 인간이 불멸의 꿈을 이루게 되는 그 날부터 인간은 변신의 꿈을 잃게 될 것이다. 그 불멸의 세계, 죽지 않고 영원히 살 수 있는 그 세계에서 변신의 꿈을 잃어버린 인간들은 과연 행복할 것인가.

주

1) 呂大吉은 산정동인들이 붉은 철광석가루를 시신 주위에 뿌린 것을 통해 이미 그들이 '종교 관념과 종교적 환상을 형성시킬 수 있는 주관적 기능'을 갖고 있었음을 알 수 있다고 했다(『宗敎學通論』, 中國社會科學出版社, 1989, p.342).
2) 오비디우스, 이윤기 옮김, 『변신이야기』, 민음사, 1997, p507.
3) 아내가 죽었을 때 노래를 부른 장자의 이야기는 『莊子』「至樂」편에, 땔나무와 불꽃의 비유는 「養生主」편에 나온다.
4) 카렌 암스트롱(Karen Amstrong)이 『신의 역사』(1)에서 사용한 용어. 배국원, 유지황 옮김, 동연출판사, 1999, p.38.
5) 이러한 관점에 대해서는 카렌 암스트롱의 『신의 역사』(1) 참조.
6) 조셉 캠벨, 과학세대 옮김, 『신화의 세계』, 까치, 1998, p.77.
7) 주경철은 노르베르트 엘리아스(Norbert Elias)의 관점을 빌어 다음과 같이 말하고 있다. "이제 모든 것은 무대 뒤편으로 숨어들어 갔다. 충동은 억제되고 모든 사람은 침묵의 음모에 공모자가 되었다. 금기는 우리의 내면에 들어와 박히게 되었다. 현대인은 내장·성기·근육 등 모든 육체를 풀어버리고 단지 명료한 이성만을 소중히 여기는 존재가 되었다. 그리고 모든 공격 성향을 지워버린 존재, 마음속 깊이 무의식으로부터 언제나 스스로를 통제해야 하는 강박적인 존재가 되었다. 그리고 이 세계의 거대한 권력은 카프카의 성처럼 그를 짓누르고 있었다."(주경철, 『역사의 기억, 역사의 상상』, 문학과지성사, 1999, p.46).
8) '우리가 우리의 형상을 따라서, 우리의 모양대로 사람을 만들자. 그리고 그가 바다의 고기와 공중의 새와 땅 위에 사는 온갖 들짐승과 땅 위를 기어 다니는 모든 길짐승을 다스리게 하자.'……하나님이 그들을 남자와 여자로 창조하셨다. 하나님이 그들에게 복을 베푸셨다. 하나님이 그들에게 말씀하시기를 '생육하고 번성하여 땅에 충만하여라. 땅을 정복하여라. 바다의 고기와 공중의 새와 땅 위에서 살아 움직이는 모든 생물을 다스려라.'(「창세기」 1:20-28).
9) 여기서의 '신(神)'이란 바로 정신, 즉 인간의 영혼을 일컫는

다. '신불멸'이란 사람이 죽어 몸이 사라져도 영혼은 사라지지 않는다는 것을 의미한다. 진대(晉代)의 불교학자 혜원(慧遠)의 『홍명집(弘明集)』권5에 실린 「몸은 사라져도 영혼은 사라지지 않음(形盡神不滅)」이 대표적 글이다. 위진 시대에 '신멸(神滅)'과 '신불멸'을 주장하는 학자들 사이에 첨예한 의견대립이 있었는데, '신멸'이란 곧 인간이 죽으면 몸과 더불어 영혼도 사라지는 것이라고 믿는 견해이다.

10) 헤르만 헤세, 홍경호 옮김, 『나비』, 범우사, 1999, p.23.

11) 엘리아데, 이재실 옮김, 『이미지와 상징』, 까치, 1998, p.195.

12) 카시러, 최명관 옮김, 『인간이란 무엇인가』, 서광사, 1998, p.133.

13) 간장과 막야 부부가 칼을 만드는데 일이 잘 진행되지 않았다. 막야가 자신의 머리카락과 손톱을 쇠 녹인 물에 잘라 넣으니, 그때서야 단단한 칼이 만들어졌다고 전해진다. 막야의 머리카락과 손톱이라는 것은 바로 막야의 영혼을 의미한다. 이밖에도 중국 신화에는 칼에도 영혼이 있어 칼 스스로 마음에 드는 주인을 찾아간다고 하는 이야기가 자주 보인다.

14) 모장과 여희는 『장자』, 「제물론」에 나오는 미녀들의 이름이다. 원문 내용은 다음과 같다. "모장과 여희는 인간들이 미인이라고 부르지만, 물고기가 그녀들을 보면 물속 깊은 곳으로 숨으며, 새가 그녀들을 보면 하늘 높이 날아오르고, 사슴이 보면 네 발로 막 뛰어 달아난다. 사람과 물고기, 새와 사슴 중 누가 진정한 아름다움을 아는 것일까."

15) 樂衡軍이 「中國原始變形神話試探」(上)에서 '靜態變形'이라는 용어를 사용한 바 있다. 우리 나라에서는 이상일이 『변신이야기』에서 "신성의 짐승모습 닮기의 바탕이 되는 獸形神觀과 반인반수인 신성의 사람모습 닮기는 환상과 꿈의 결합에서 태어난 변신일 수도 있다"고 말하고 있다(밀알, 1994, p.150).

16) 에드가 모랭(Edgar Morin) 같은 경우, 매장의 습속을 인류의 도구발명과 맞먹는 가치가 있다고 언급하고 있다. 그는 "죽은 자들에 대한 非유기는 그들의 사후 생을 전제하는 것"이라고 하면서 아무리 원시적이라 해도 죽은 자들을 아무런 儀式도 없이 버리는 고대의 집단은 존재하지 않는다고 하였다

(김명숙 옮김, 『인간과 죽음』, 동문선, 2000, p.27).

17) 薛保綸은 「中外民族相信靈魂不滅的史迹」(『哲學論集』 第
1期, 1972.12, 臺灣, p.79)에서 "네안데르탈인 시기 이후 대략
1만 년부터 5만 년 시기의 신석기시대와 중석기시대에도 인
간은 영혼의 존재와 영혼의 불멸에 대해 이미 확실히 행하고
있었으며 더 이상 회의하지 않았다"라고 했다. 물론 이러한
견해에 반해 네안데르탈인은 의례를 행하지도 않았고 죽은
자를 매장하지도 않았다는 반론도 만만치 않게 존재한다(애
담 쿠퍼(Adam Kuper), 유명기 옮김, 『네안데르탈인 지하철 타
다』, 한길사, 2000), p.143).

18) 헤겔, 두행숙 옮김, 『미학』(II), 나남출판, 1996, p.107.

19) 앞의 책, p.234.

20) 于錦繡, 『中國各民族原始宗教資料集成』, 中國社會科學
出版社, 1996, p.85.

21) 프로프, 최애리 옮김, 『민담의 역사적 기원』, 문학과 지성사,
1996, p.55.

22) 보르헤스, 남진희 옮김, 『상상동물이야기』, 가치, 1997, p.69.

23) 뽈 디엘, 안용철 옮김, 『그리스 신화의 상징성』, 현대미학사,
1997, p.26.

24) 앞의 책, p.119.

25) 陳來는 『古代宗教與倫理』에서 "殷人에게는 강한 종교적
열광이 있었고, 周人에게는 역사적 이성이 있었다"(三聯書
店, 1996, p.145)라고 했다. 주대에 들어와 강조된 조상숭배
는 신화의 역사화를 가속화시키게 되고, 신의 형상은 마침내
인간의 모습으로 변한다. 그러나 周문명의 가치계통이라는
중심문화에서 나타난 것이 아니라 고대사회의 풍속문화라는
주변부의 전통을 간직한 『산해경』에는 신화사유가 여전히
살아 있고 '巫風', 즉 '디오니소스적 열광'이 들어있다.

26) 吳榮曾, 「戰國漢代的"操蛇神怪"及其有關神話迷信的變
異」(『中國神話學論文選萃』, 中國廣播電視出版社, 1994, pp.
610-611).

27) 屈小强編, 『三星堆文化』, 四川人民出版社, 1993 참조. 국
내에서는 『삼성퇴의 황금가면』이 최근에 출판되었다(이해원
옮김, 黃劍華, 일빛, 2003).

28) 자크 브로스, 주향은 옮김, 『나무의 신화』, 이학사, 1998, p.317.

29) 중국 고대인들은 높이 솟아있는 나무나 산 등을 하늘사다리로 삼아 하늘과 땅 사이를 오르내릴 수 있다고 생각했다. 신화 속에서 북방상제 전욱은 중(重)과 려(黎)를 시켜 하늘사다리를 끊어버리라고 하였고, 그때부터 인간들은 하늘로 올라가는 길을 잃게 되었다.

30) 프레이저, 이경덕 옮김, 『황금가지』, 까치, 1995, p.143.

31) 조철수, 『메소포타미아와 히브리 신화』, 길, 2000, p.159.

32) 프로이트가 『토템과 타부』에서 사용한 용어(프로이트, 김종엽 옮김, 문예마당, 1995).

33) 앞의 책, 64쪽.

34) 죠르주 바따이유, 조한경 옮김, 『에로티즘』, 민음사, 2000, p.52.

35) 폴 리쾨르, 양명수 옮김, 『악의 상징』, 문학과 지성사, 1995, p.44.

36) "라싸(拉撒) 어느 마을의 촌장에게 딸이 셋 있었는데, 촌장은 막내딸을 억지로 자기 부하에게 시집보내려 하였다. 혼인을 거부하고 동방으로 해뜨는 것을 보러가고 싶어 했던 그녀는 물가에 앉아 머리를 빗다가 강물로 뛰어들어 물이 되어 동방으로 흘러갔다."

37) "총명하고 아름다운 그녀를 마을의 우두머리가 억지로 끌고 갔다. 오빠인 아헤이(阿黑)가 그녀를 구해 함께 탈출하다가 강가에 이르렀을 때, 마을 우두머리가 홍수를 일으켜 그들 오누이를 죽게 했다. 아스마(阿詩瑪)는 죽은 뒤에 산꼭대기로 가서 메아리가 되었다." 아스마는 운남성(雲南省) 싸니족에게 전승되고 있는 유명한 서사시 『阿詩瑪』의 주인공이다.

38) 袁珂, 「白族'望夫雲'神話闡釋」, 『袁珂神話論集』, 四川大學出版社, 1996.

39) 임방(任昉)의 『술이기(述異記)』에 나오는 이야기이다. "상수(湘水) 물가에서 30리쯤 떨어진 곳에 상사궁(相思宮)이 있고 망제대가 있다. 옛날 순(舜)임금이 남쪽을 순행하다가 창오(蒼梧)의 들판에 묻혔다. 요(堯)임금의 두 딸인 아황과 여영이 찾아가려 했으나 이르지 못하고 서로 붙잡고 울었다. 그

눈물이 대나무에 떨어지니 대나무에 점점이 무늬가 생겼다."
40) "망부대(望夫臺)는 가산(嘉山)에 있는데, 맹강녀가 남편을 기
다린 곳이다. 산 위에 있는 대나무는 잎이 실처럼 가느다란
데, 맹강녀가 남편을 기다리면서 바늘을 갖고 잎을 손 닿는
대로 갈라 그런 대나무가 되었다고 전해진다."
41) 조철수, 『메소포타미아와 히브리 신화』, 길, 2000, p.133.
42) 이윤기, 『이윤기의 그리스로마신화』, 웅진닷컴, 2000, p.39.

변신 이야기 필멸의 인간은 불멸의 꿈을 꾼다

펴낸날	초판 1쇄 2003년 7월 15일
	초판 4쇄 2013년 7월 31일

지은이	김선자
펴낸이	심만수
펴낸곳	(주)살림출판사
출판등록	1989년 11월 1일 제9-210호

주소	경기도 파주시 문발동 522-1
전화	031-955-1350 팩스 031-624-1356
기획·편집	031-955-4662
홈페이지	http://www.sallimbooks.com
이메일	book@sallimbooks.com

ISBN	978-89-522-0108-9 04080

384 삼위일체론　　　eBook

유해무(고려신학대학교 교수)

기독교에서 믿는 하나님은 어떤 존재일까? 성부 하나님과 성자 예수, 그리고 성령이 계시며, 이분들이 한 하나님임을 이야기하는 삼위일체론은 기독교 교회가 믿고 고백하는 핵심 교리다. 신구약 성경에 이 교리가 어떻게 나타나 있으며, 초기 기독교 교회의 예배와 의식에서 어떻게 구현되었고, 2천 년 동안의 교회 역사를 통해 어떤 도전과 변화를 겪으며 정식화되었는지를 일목요연하게 정리했다.

315 달마와 그 제자들　　　eBook

우봉규(소설가)

동아시아 불교의 특징은 선(禪)이다. 그리고 선 전통의 터를 닦은 이가 달마와 그에서 이어지는 여섯 조사들이다. 이 책은 달마, 혜가, 승찬, 도신, 홍인, 혜능으로 이어지는 선승들의 이야기를 통해 선불교의 기본사상을 이해하도록 돕는다.

041 한국교회의 역사　　　eBook

서정민(연세대 신학과 교수)

국내 전체인구의 25%를 점하고 있는 기독교. 하지만 우리는 한국 기독교의 역사에 대해서 너무나 무지하다. 이 책은 한국에 기독교가 처음 소개되던 당시의 수용과 갈등의 역사, 일제의 점령과 3 · 1운동 그리고 6 · 25 전쟁 등 굵직굵직한 한국사에서의 기독교의 역할과 저항, 한국 기독교가 분열되고 성장해 왔던 과정 등을 소개한다.

067 현대 신학 이야기　　　eBook

박만(부산장신대 신학과 교수)

이 책은 현대 신학의 대표적인 학자들과 최근의 신학계의 흐름을 해설한다. 20세기 전반기의 대표적인 신학자인 칼 바르트와 폴 틸리히, 디트리히 본회퍼, 그리고 현대 신학의 중요한 흐름인 해방신학과 과정신학 및 생태계 신학 등이 지닌 의미와 한계가 무엇인지를 친절하게 소개하고 있다.

099 아브라함의 종교 유대교|기독교|이슬람교

공일주(요르단대 현대언어과 교수

이 책은 유대교, 이슬람교, 기독교가 아브라함이라는 동일한 뿌리에서 갈라져 나왔다는 점에 주목한다. 저자는 이를 추적함으로써 각각의 종교를 그리고 그 종교에서 나온 정치적, 역사적 흐름을 설명한다. 이스라엘과 팔레스타인으로 대변되는 다툼의 중심에는 신이 아브라함에게 그 땅을 주겠다는 약속이 있음을 명쾌하게 밝히고 있다.

221 종교개혁 이야기

이성덕(배재대 복지신학과 교수

종교개혁은 단지 교회사적인 사건이 아닌, 유럽의 종교 · 사회 · 정치적 지형도를 바꾸어 놓은 사건이다. 이 책은 16세기 극렬한 투쟁 속에서 생겨난 개신교와 로마 카톨릭 간의 분열을 그 당시 치열한 삶을 살았던 개혁가들의 투쟁을 통해 보여 주고 있다. 마틴 루터, 츠빙글리, 칼빈으로 이어지는 종파적 대립과 종교전쟁의 역사들이 한 편의 소설처럼 펼쳐진다.

263 기독교의 교파

남병두(침례신학대학교 교수

하나의 교회가 역사적으로 어떻게 다양한 교파로 발전해왔는지 한눈에 보여주는 책. 교회의 시작과 이단의 출현, 신앙 논쟁과 ~를 둘러싼 갈등 등이 파노라마처럼 펼쳐진다. 사도행전에 나타나 교회의 시작과 이단의 출현에서부터 초기 교회의 분열, 로마가톨릭과 동방정교회의 분열, 16세기 종교개혁을 지나 18세기의 ~리교와 성결운동까지 두루 살펴본다.

386 금강경

곽철환(동국대 인도철학과 졸업

『금강경』은 대한불교조계종이 근본 경전으로 삼는 소의경전(所依經典)이다. 『금강경』의 핵심은 지혜의 완성이다. 즉 마음에 각인된 고착 관념이 허물어져 어디에도 집착하지 않는 상태를 말한다. ~책은 구마라집의 『금강반야바라밀경』을 저본으로 삼아 해설했으며, 기존 번역의 문제점까지 일일이 지적해 독자들의 이해를 돕~자 했다.

013 인도신화의 계보

eBook

류경희(서울대 강사)

살아 있는 신화의 보고인 인도 신들의 계보와 특성, 신화 속에 담긴 사상과 가치관, 인도인의 세계관을 쉽게 설명한 책. 우주와 인간의 관계에 대한 일원론적 이해, 우주와 인간 삶의 순환적 시간관, 사회와 우주의 유기적 질서체계를 유지하려는 경향과 생태주의적 삶의 태도 등이 소개된다.

309 인도 불교사 붓다에서 암베드카르까지

eBook

김미숙(동국대 강사)

가우타마 붓다와 그로부터 시작된 인도 불교의 역사를 흥미롭고도 일목요연하게 정리한 책. 붓다가 출가해서, 그를 따르는 무리들이 생겨나고, 붓다가 생애를 마친 후 그 말씀을 보존하기 위해 경전을 만드는 등의 이야기들이 한눈에 들어온다. 또한 최근 인도에서 다시 불고 있는 불교의 바람에 대해 소개한다.

281 예수가 상상한 그리스도

김호경(서울장신대학교 교수)

예수가 그리스도라는 것은 어떤 의미인가? 이 책은 신앙적 고백과 백과사전적 지식 사이에서 현재 예수 그리스도가 가진 의미를 묻고 있다. 저자는 이러한 문제의식을 바탕으로 예수가 보여준 질서와 가치가 우리와 얼마나 다른지, 그를 따르는 것이 왜 우리에게 익숙하지 않은 일인지를 보여주고 있다.

346 왜 그 음식은 먹지 않을까

eBook

정한진(창원전문대 식품조리과 교수)

세계에는 수많은 금기음식들이 있다. 유대인과 이슬람교도들은 돼지고기를 먹지 않고, 힌두교도의 대부분은 소고기를 먹지 않는다. 개고기 식용에 관해서도 말들이 많다. 그들은 왜 그 음식들을 먹지 않는 것일까? 음식 금기 현상에 접근하는 다양한 방식을 통해 그 유래와 문화적 배경을 살펴보자.

eBook 표시가 되어있는 도서는 전자책으로 구매가 가능합니다.

(주)살림출판사
www.sallimbooks.com
주소 경기도 파주시 문발동 522-1 | 전화 031-955-1350 | 팩스 031-955-1355